Das Buch:

Die hier versammelten Texte sind Stichproben. Zwischenergebnis eines Großprojekts, das mir in guten Momenten kühn als Lebensaufgabe, als hilfreiche Arbeitshypothese für unterschiedlichste Textformen und als unerschöpfliche Themenfundgrube erschien und mich in schlechten Momenten erschlug mit seiner Vielteiligkeit.

Je mehr ich zusammentrug, desto mehr schien mir darüber hinaus noch machbar, noch dies, noch der, noch von dort aus, noch jener Termin und so weiter. Je genauer sich im Verlauf der Arbeit an diesem Projekt der Suchbegriff und damit die Erzählperspektive durch eben die Arbeit selbst ergab, desto endloser wurde die Liste der noch fehlenden Texte. Hin zu kam, dass die Fotografie, zunächst gedacht als zusätzliche Notizmöglichkeit, sich bald schon als weitere, unendlich sich verästelnde Darstellungsform erwies. So geriet die Arbeit außer Kontrolle. Alles sollte (musste unbedingt!) hinein, ich plante elftausend Seiten. Als erste Ladung. Nur kaum mehr sanfte Gewalt verschiedener Personen, denen ich herzlich danke, brachte mich irgendwann dazu, zumindest dieses Buch als vollendet anzusehen. Dabei hätte ich so gerne noch –

DEUTSCHES THEATER ALSO:

Die Inszenierung des öffentlichen Lebens, das Rollenspiel auch im Privaten, die Kostümierung, die permanente Bühnensituation; Rituale als Stabilitätsfaktoren; der vorgefertigte Text, den eine Rolle, ein Handlungsort, eine Figurenkonstellation mitliefert; Mediengetröte, Ersatzhandlungen, Choreographie der Demokratie; die Ausschmückung der Kulisse, die unterschiedliche Bühneneinsicht aus Parkett und Loge; das Statistendasein, die Hauptrollenneurosen; Wirkung, Funktion und Entstehung verschiedener Publikumsreaktionen – kurz gesagt also: die Unmöglichkeit, sich rauszuhalten, keine Rolle zu übernehmen.

Natürlich fehlt das meiste. Überhaupt nur ermöglicht wurde dieses Buch durch Zeitungen und Zeitschriften, in denen ich einen Großteil der Texte zuerst veröffentlicht habe. Dadurch war zum einen, ganz profan, die Finanzierung gewährleistet, zum anderen, weit wichtiger, erwies sich die Diskussion um jeden einzelnen Text, von Recherchebeginn bis zur Druckfassung, als sehr bereichernd.

Besonders danken möchte ich dafür Hans-Peter Junker. Auch Florian Illies, Lucas Koch und Ulf Poschardt. Außerdem Olaf Petersenn für das umsichtige Lektorat, 4000 für seine Kunst und Walter Schönauer für die herrliche Gestaltung. Kerstin Gleba, Matthias Landwehr, Helge Malchow und Harm Wörner für einiges. Gewidmet sei dieses Buch allerdings Johanna. Und natürlich: Der Bevölkerung.

Amen. BvS-B

Der Autor: Benjamin v. Stuckrad-Barre, 1975 in Bremen geboren, lebt in Berlin **Bibliographie:** Soloalbum (1998), Livealbum (1999), Remix (1999), Blackbox (2000), Transkript (2001)
Discographie: Liverecordings (1999), Bootleg (2000), Voicerecorder (2001)

Benjamin v. Stuckrad-Barre

Deutsches Theater

KIEPENHEUER & WITSCH

Ein Großteil der Texte ist in ähnlicher Form schon veröffentlicht in
Die Woche, FAZ, jetzt, Stern, Welt am Sonntag

3. Auflage 2002

© 2001 by Verlag Kiepenheuer & Witsch
Alle Rechte vorbehalten. Kein Teil des Werkes darf in irgendeiner
Form (durch Fotografie, Microfilm oder ein anderes Verfahren)
ohne schriftliche Genehmigung des Verlages reproduziert oder
unter Verwendung elektronischer Systeme verarbeitet, vervielfältigt
oder verbreitet werden.
Umschlaggestaltung: 4000
Buchgestaltung: Walter Schönauer, Pentagon
Grafik-Assistenz: Eva-Maria Bolz
Fotos: Benjamin von Stuckrad-Barre
Gesetzt aus der Adobe Caslon
Satz und Reproarbeiten: repro acht GmbH, Köln
Druck und Bindearbeiten: Claussen und Bosse, Leck
ISBN 3-462-03050-7

Der ganze Apparat der Selbstinszenierung ist natürlich umständlich; er bricht manchmal zusammen und enthüllt dann seine einzelnen Bestandteile: Kontrolle über die Hinterbühne, Ensembleverschwörung, Publikumstakt usw. Wenn es aber gut geölt ist, dann bringt er die Eindrücke schnell genug hervor, um uns in einem unserer Realitätstypen gefangen zu nehmen – die Vorstellung gelingt, und das fixierte Selbst, das jeder dargestellten Rolle zugeschrieben wird, scheint seinem Darsteller selbst zu entströmen.
Erving Goffman

Ganz natürlich hatte ich hier den Eindruck von Marionetten haben müssen, nicht von Menschen, und gedacht, dass alle Menschen eines Tages zu Marionetten werden müssen und auf den Mist geworfen und eingescharrt oder verbrannt werden, ihre Existenz mag davor wo und wann und wie lang auch immer auf diesem Marionettentheater, das die Welt ist, verlaufen sein.
Thomas Bernhard, Der Atem

Tendenziell befindet sich der Mensch ja immer in einem Jammertal, aber wir sind doch schon 'ne Ecke weitergekommen, in Deutschland zumal.
Gerhard Schröder

INHALT

10	CLAUS PEYMANN KAUFT SICH KEINE HOSE, GEHT ABER MIT ESSEN
24	KULISSE I
26	ARBEITSMARKT
32	TRUPPENBETREUUNG
38	AUSZEICHNUNGEN
42	EINZELTÄTER IN DER LOKALPRESSE
50	BUCHPRÄSENTATION
56	HAMBURG HAUPTBAHNHOF
60	PIZZABRINGDIENST
66	LÄNDERSPIEL
78	RUHESTAND
82	GASTRONOMIE
92	BUNDESVERDIENSTKREUZ
98	WAHLKAMPF
104	HOMESHOPPING
108	KULISSE II
110	MIETVERHÄLTNIS
114	DIE WACHE
122	BOULEVARDJOURNALISMUS
128	EIN TAG MIT KARL IGNAZ HENNETMAIR
130	DEUTSCHUNTERRICHT
136	HOFBERICHTERSTATTUNG
144	HOBBYKELLER
148	FORMEL 1
154	WÄHRUNGSREFORM
160	FILMPREIS-VERLEIHUNG
166	URLAUBSLEKTÜRE
170	DROGENFAHNDUNG
176	VERSPÄTUNG
182	WIND OF CHANGE
194	AKTIONÄRSVERSAMMLUNG
200	BÜHNENANWEISUNGEN
202	DER KITSCHMILLIONÄR
208	VIER ABIZEITUNGS-REDAKTIONSBESUCHE
218	SCHAUPROZESS
222	GRENZSCHUTZ
224	MUTTERTAG
228	BERLIN-UMZUG
236	KULTURSPONSORING
242	BUNDESGARTENSCHAU
244	POLITISCHES KABARETT
248	GASTSPIEL
258	ENTSORGUNG
262	VOLLPENSION
268	PROMOTION
272	LITERATURKRITIK

Claus Peymann kauft sich keine Hose, geht aber mit essen

Zehn Minuten später als verabredet erreicht Claus Peymann das Kleidungsgeschäft Selbach am Kurfürstendamm, schon von weitem ruft er, dass ihm die Verspätung Leid tut, dass er, natürlich, von der Probe kommt, „Probieren" sagt er dazu, dann betritt er das Geschäft.

PEYMANN Eigentlich kaufe ich ja hier gar nicht mehr. Nur noch in Hamburg, bei i-Punkt, Thomas i-Punkt. So, da hinten gibt's die Hosen. Ich habe früher sehr viel hier gekauft, ein Vermögen habe ich hier gelassen. (Zum Verkäufer) Habt Ihr Zegna-Hosen? Aus Sentimentalität möchte ich gerne mal eine Zegna-Hose anprobieren. Normalerweise trage ich was anderes. In die Japaner passe ich nicht mehr rein, das ist ja das Tragische. Was tragen denn Sie?
STUCKRAD Die Marke weiß ich nicht.
PEYMANN Bremisch, wollte ich schon sagen. Sie sind ja auch aus Bremen, wie ich. Wo genau kommen Sie da her?
STUCKRAD Geboren bin ich in Brinkum.
PEYMANN Brinkum kenne ich gut, da haben wir früher Kartoffeln geklaut, mit meinem Vater, 46/47. Insofern kenne ich Brinkum gut. (Verkäufer bringt schwarze und dunkelblaue Zegna-Hose)

Aha, na ja. Wie sind die an der Taille oben? Ich trage ja sowieso nicht mehr Zegna. Habt ihr ja eh nicht, was, nur die zwei. Die war übrigens braun, die ich damals mit Bernhard gekauft habe, und aus Schnürlsamt war sie. Der Bernhard wollte unbedingt mit mir eine Hose kaufen, und da habe ich diese Hose gekauft unter seinem Druck. Die habe ich dann von dem Fahrer des Burgtheaters, der dann später auch mein Fahrer wurde, das ist ja schon viel, viel länger her, bevor ich Burgtheaterdirektor wurde, die hat der Fahrer mir dann auf die Probe gebracht, die musste noch geändert werden, dann habe ich sie jahrelang sentimental im Schrank verwahrt – oder Kasten, wie man in Österreich sagt. Dann habe ich sie später, als ich Direktor wurde, dem Fundus des Burgtheaters einverleibt, was ich mit meinen abgelegten Klamotten immer tue. Ich gebe das weg, die Schränke werden sonst zu voll, ich kann das nicht alles speichern. Und dann habe ich viele Jahre später mal gesagt, Mensch, ich habe da vor Jahren mal eine Hose in den Fundus gegeben, die wäre jetzt doch ideal für das Stück, ich weiß nicht mehr, welches das war, und dann haben wir angefangen, diese Hose zu suchen, die war aber nicht mehr da. Jetzt gibt es einen Unbekannten, der seit Jahren mit meiner Bernhardhose rumläuft, ohne zu ahnen, welches Kunstwerk er da auf seinen Arschbacken hat.
(Er öffnet die Hose, sucht innen nach dem Etikett)
Ich kann das nicht lesen hier, ich kaufe ja nur noch in Hamburg. Seitdem ich in Berlin wohne, kaufe ich nur noch in Hamburg, vollkommen idiotisch eigentlich. So ein grünes Schild ist da hinten drin, ich kann das ja nicht lesen. Wie heißt der?
VERKÄUFER (liest aus der offenen Hose) Omen.
PEYMANN Ja, Omen, ja. Das ist ein sehr gutes Geschäft. Aber habt ihr nicht.
VERKÄUFER Nein, haben wir leider nicht. Aber wir haben sehr schöne von Donna Karan.

PEYMANN Ich habe Größe 52/54. Ich nehme an, das wird nichts. Also, es gefällt mir im Grunde nicht, ich mag gern, wenn die etwas weiter sind.
VERKÄUFER Das hier ist ein Anzug, aber Sie können die Hose auch mal so nehmen. Das ist klassisch, das ist Ihr Stil. Die wird Ihnen gefallen.
PEYMANN Das ist in Berlin praktisch bekannt, dass ich einen Stil habe. Das ist mir selber gar nicht bekannt. Haha. Die probiere ich mal eben an. Naja, nee. Ich habe ja zu Hause ein Dutzend von diesen i-Punkt-Anzügen. Darum bin ich ja Selbach untreu geworden. Läuft denn der Laden noch gut?
VERKÄUFER (der Laden ist kundenleer): Sehr gut, wir sind sehr zufrieden. Ich arbeite seit Januar hier.
PEYMANN Seit Januar, verstehe, verstehe. Wirklich, Thomas-i-Punkt: Die Jelinek kauft da, Kirsten Dene kauft da, und ich bin eigentlich per Zufall reingeraten, und als ich dort war, erfuhr ich, wer da alles kauft. Eben vor allem Jelinek, die ja bekanntermaßen die elegantest angezogene Autorin der Weltliteratur ist, vermutlich. Der hat 'ne tolle Segel-Yacht, dieser Typ, dieser i-Punkt, ein steinreicher Mann, und es gibt nur zwei oder drei kleine Läden. Das Problem bei Selbach ist die Beleuchtung. Man kann sich nie richtig sehen von oben bis unten. Ich bin sehr verwöhnt durch den i-Punkt.
(Tritt aus der Umkleidekabine heraus, vor einen großen Spiegel)
Ja, so was würde ich nicht tragen. Schief. Ich bin schief. Ich habe die ersten vierzig Jahre gedacht, ich wäre rechts schief, jetzt bin ich links schief. Ich habe immer rechts eine Einlegesohle getragen, jetzt links. Man muss aber doch sagen, dass die Kabinen hier relativ komfortabel sind. Die waren früher kleiner. Diese Hose ist es nicht, nein.
STUCKRAD Thomas i-Punkt findet man in Hamburg ja, wenn man den Hauptbahnhof eben nicht zur Schauspielhausseite verlässt.
PEYMANN Ja, der einzige Grund eigentlich, nach Hamburg zu fahren.

Hahaha. Geht ja niemand mehr ins Schauspielhaus.
(Der Verkäufer reicht eine beige Leinenhose)
PEYMANN Nein, nicht mehr. Ich gehöre ja an sich zur Leinen-Avantgarde, ich habe Leinen getragen, als das noch kein Mensch tat, und ich habe die mit durchgesetzt, aber ich konnte dann irgendwann dieses Zerknäulte, Zerbeulte nicht mehr ertragen. Das ist an sich ein sehr schöner Anzug hier. So ein Tschechow-Sakko, natürlich unten zu eng. Sie, Sie können das tragen. Sie haben eine absolut ideale Konfektionsgröße. Ich hoffe, das gilt nicht für Ihr Schreiben. Hahaha. Eine gute Hose muss vor allen Dingen hier am Gurt relativ leger sein, wie das die Italiener und die Japaner machen, also mit so Buntfalten. Nicht, weil ich zu fett bin, ich bin im Moment sogar ganz gut im Gewicht, sondern ich fühle mich dann einfach wohler. Ich mag nicht so Hosen, wie Sie sie zum Beispiel tragen, so scharf dran, so beinbetont, konturenscharf sozusagen, das habe ich mir irgendwie abgewöhnt, mit dem Abtun der Jeans, die ja eng geschnitten sein soll. Der Bernhard hat sich aufgeregt, dass ich im Winter immer Jeans getragen habe, der hat gesagt, ich hole mir eine Nierenkolik. Ich bin ja auch im tiefsten Winter mit durchsichtigen, dünnen, wie soll man sagen, also durchgescheuerten Jeans rumgelaufen, und das fand der immer wahnsinnig gefährlich und gesundheitsschädlich, war sehr fürsorglich. Er war ja so Modell Landlord. Er hat, glaube ich, in einem Geschäft gekauft in Wien, das hieß „Zur Englischen Flotte", solche Geschäfte gibt es ja auch nur in Wien, und Bernhards Kleidung, die er von dort bezog, war die eines etwas ländlichen Gentlemans. In der Stadt sogar mit so einem kleinen Tüchelchen, wie man es in Österreich eben macht. Aber dann auch kräftigen, bäuerlichen Cord oder hin und wieder sogar ganz kurios mit Lederhosen, das kam also absolut vor. Als wir uns kennen lernten, hat er ja sehr viel an seinem Haus gearbeitet, auf dem Hof, könnte man sagen. Er war tageszeitbewusst gekleidet, wie man das früher eben

machte. Wir laufen ja heute von morgens bis abends in den gleichen Klamotten rum, in diesen Mehrzweckdingern. In den Theatern wird nur Trauer getragen, unabhängig von den Premierenfeiern: alle schwarz. Wir sind eigentlich unsichtbar im Zuschauerraum, da wollen wir nicht grell sein – nur auf der Bühne sind wir grell und farbig und lustig und leuchtend. Und so sehen also diese ganzen Dramaturgen, Regisseure, Bühnenbildner aus wie eine große Trauergemeinde. Im Grunde müssten alle Theaterdirektoren rote Hosen tragen. Damit man sie besser erkennen kann, wie beim Generalstab, sollte man tun, dann kann man sagen: Da kommt die rote Hose. Ich betreibe einen gewissen T-Shirt-Kult, im Moment trage ich zu den Proben nur zwei T-Shirts, eins mit so einem kleinen Spitzenausschnitt, eins mit einem gesäumten. Das muss sein. Anders kann ich nicht probieren. Ich habe ja jetzt auch schon fünf Stunden Probe hinter mir. Dass ich überhaupt noch lebe.

STUCKRAD Vor Ihrem Amtsantritt in Berlin posierten Sie für die *BZ* ebenfalls im T-Shirt, da haben Sie die Ärmel aufgerollt und den Bizeps angespannt.

PEYMANN Ja, das war damals die Zeit, das Muskelrollen. Das ist auch vorbei. Nein, Muskeln zeigen für die *BZ*, das war provoziert durch eine besonders lustige türkischdeutsche Reporterin, und auch das tropische Klima im Central Park hat mich dann zu dieser etwas kessen Pose hingerissen, und vielleicht auch die Nähe von der Bronx und so weiter, nein, aber ich habe über Theaterarbeit den Leuten etwas zu sagen, auch über die Aufführungen hinaus, und ich möchte auch einen Anspruch an die Regierenden formulieren mit meiner Arbeit? Widerspruch, Widerstand. Da bin ich ein Prediger. Vielleicht habe ich mich in dem Punkt zu wenig verändert, vielleicht macht das einen Teil meines Anachronismus aus, auch meiner Lächerlichkeit, dass ich immer noch als Wanderprediger durch die Gegend ziehe mit meinen Aufführungen, obwohl ich Menschen

kennen gelernt habe, wie Thomas Bernhard etwa, die das für völlig lächerlich hielten, dieses Weltverbesserungsgerede. Oder Peter Handke, der sich aufregte, wenn ich stets der Überzeugung war, in seinen Stücken gäbe es Weltmodelle, Utopien, auch staatliche Utopien – das hat er immer für lächerliches Gequatsche gehalten. Ich habe nicht so viel Vertrauen in unsere Gesellschaft, ich habe das Gefühl, subkutan brutzelt, schimmelt hier einiges vor sich hin, und dem Theater kommen neue Aufgaben zu. Aber ich weiß es nicht. Ist auch scheißegal, verstehen Sie? Was soll sein? Ich wünsche mir diese Rolle des Theaters halt. Ich weiß, dass ein Leben ohne Kunst nicht möglich ist. Gibt es denn hier keine schönen T-Shirts? Wo liegen die? Ach hier. Schwarz, ja, schwarz. Von wem sind die?
VERKÄUFER Donna Karan New York.
PEYMANN Das ist ein gutes T-Shirt, ist mir fast ein bisschen zu elegant. Und das hier?
VERKÄUFER Jil Sander.
PEYMANN Bei Jil Sander muss man aufpassen. Wie viel?
VERKÄUFER 180 Mark.
PEYMANN Das geht ja noch. Das probiere ich mal eben an. Das finde ich ganz gut. Was ist das für eine Größe?
VERKÄUFER Das ist XL.
PEYMANN Machen Sie ruhig ein Foto.
STUCKRAD Das ist eine Digitalkamera, Sie können sich das Bild gleich ansehen.
PEYMANN Ja, ich weiß, Leander Haussmann hat auch so eine. Ein dermaßen kompliziertes Ding, ich habe keine Ahnung, da ist er immer am Rumfummeln, das ist ungeheuerlich. (Vor dem Spiegel, zum Verkäufer sich wendend) Das ist natürlich sehr eng, aber es hat was. Nicht schlecht. Das ist nicht schlecht, haben Sie Recht. Haben Sie auch zwei davon? Das ist nämlich immer das Problem: Man findet ein T-Shirt und wenn es einschlägt, einem also gefällt, dann gibt

es das ja meist nicht mehr, da sucht man dann vergeblich. Deshalb immer besser gleich zwei.
(Der Verkäufer kommt, bedauernd den Kopf schüttelnd, aus dem Lager)
Gibt es nicht? War mir klar, das ist immer die Tragödie. Noch schlimmer ist es mit Schuhen. Ich kaufe mein Leben lang Schuhe aus Budapest, doch hat die Firma jetzt leider einen neuen Besitzer, und seitdem sind bestimmte Modelle nicht mehr im Programm, die ich seit 30 Jahren getragen habe, das gilt übrigens auch für Otto Sander und viele andere, ein Jammer, jetzt gibt es diese Schuhe nicht mehr. So, ich ziehe mal die Hose wieder aus. Aber das T-Shirt nehme ich. Ist nicht so ergiebig hier, Sie sollten mal nach Hamburg fahren, dann sehen Sie mal, was da geboten wird. (Nimmt sein Jackett) Das ist eine leichte Jacke, die ist für Interviews, ich habe das ähnliche Modell noch mal in schwer für irgendwelche Wintertage. Aber die leichte Jacke eben für Interviews, vor allen Dingen natürlich für Talk-Shows oder Fernsehgeschichten – leichte Jacken, weil ich natürlich eh leicht schwitze, in Panik gerate, da schwitze ich so eine Jacke schon mal schnell durch, das ist katastrophal.
(Greift sich erbleichend an die Brusttasche) Mein Portemonnaie. Weg. Das wäre natürlich, Moment, das wäre natürlich ein Knüller. Ich nehme mal an, dass es in meinem Büro ist, sonst – das wäre natürlich verheerend.
(Greift zu seinem Mobiltelefon) Ja, Miriam? Habe ich das Portemonnaie bei dir noch? Bitte, bitte zum Himmel, das wäre schrecklich, wenn ich die ganzen Kreditkarten neu haben müsste. Gott sei Dank. Ja, dann pumpe ich hier den jungen Dichter an. (Legt das Telefon zurück in seinen Burgtheaterdirektorenlederranzen) Sie müssen mir das T-Shirt auslegen. Jetzt denken Sie natürlich, das wäre ein Vorwand, aber so abgebrüht bin nicht mal ich.

STUCKRAD Nach Lektüre des Buches „Ein Jahr mit Thomas Bernhard" von Karl Ignaz Hennetmair leiht man Ihnen zwar eher ungern Geld –

PEYMANN Ja, die berühmten 2000 Schilling, die ich Bernhard angeblich nie zurückgegeben habe. Die Wahrheit ist, ich habe es immer versucht, aber er wollte sie nie zurück, weil er ein total großzügiger Mensch war. Ich würde es sofort gestehen, Geiz ist ja nicht schlimm, aber er wollte das Geld nicht zurück, das war ein Riesenkampf, weil er sowieso immer alles bezahlen wollte. Hennetmair hingegen: ein Obergeizkragen. Aber das Buch ist großartig, es könnte auch eine Erfindung von Bernhard sein. Ich habe ein Exemplar gekauft und dann sofort den Verlag angerufen, damit sie mir zwei weitere schenken, weil ich darin so sehr Objekt bin, habe ich denen gesagt. Haben sie auch gleich geschickt, die zwei Exemplare. Ist ja in der dritten oder vierten Auflage mittlerweile, das Buch, ein Riesenerfolg, ganz toll. Ein Geniestreich.

STUCKRAD Haben Sie zuallererst hektisch ins Register geguckt?

PEYMANN Ja, selbstverständlich. So wie ich das auch bei den *Berliner Seiten* mache. Dort war ich vor kurzem mal im Register, aber der entsprechende Artikel fehlte. Ich lasse mir das Portemonnaie bringen, mit dem Taxi. Wo kann man noch hingehen? Paris-Bar ist natürlich langweilig. Wollen wir da hingehen? Oder wir gehen ins Café Savigny, kennen Sie das? In eins von den beiden gehen wir, da kann man natürlich nicht so gut essen, wo könnten wir noch hin, wir gehen da irgendwohin, und ich bestelle mir da per Taxi mein Portemonnaie hin.

(Bleibt vor dem Unterwäsche-Regal stehen) Jetzt sehe ich gerade zu meiner Beglückung, dass es hier Zimmerli gibt. (Zum Verkäufer) Ihr könnt doch noch ein Geschäft mit mir machen. Das ist jetzt Ihre Chance. Das ist neu, dass Ihr Zimmerli habt, das hattet Ihr früher nicht, habt Ihr die in meiner Größe da? Das ist der einzige wirkliche Luxus, den ich betreibe, diese Zimmerli-Unterwäsche, zeigen

Sie mal. Wie bestellt Ihr die denn, es gibt nämlich noch dieses Modell mit Eingriff, doch das sehe ich hier jetzt nicht.
VERKÄUFER Können wir bestellen, auf jeden Fall. Im Moment haben wir allerdings nur noch da, was Sie hier sehen.
PEYMANN Im KaDeWe gibt es die meines Wissens, aber da einzukaufen ist so umständlich. Also, Zimmerli, da kann man wirklich ein Geschäft mit mir machen. Die habe ich in Sylt gekauft, Weihnachten, und die waren dermaßen gut. So eine gute Sache.
VERKÄUFER Soll ich Ihnen mal die von Dolce&Gabbana zeigen?
PEYMANN Nee. Naja, zeigen können Sie die ja mal. Aber diese Dinger will ich nicht, die sind mir zu scharf, nein, will ich nicht.
VERKÄUFER Ich kann die Zimmerli bestellen und dann bei Ihnen anrufen.
PEYMANN Das können Sie machen, ja. Sie können im Berliner Ensemble anrufen. Aber das ist ja lächerlich, wegen einer Unterhose im Berliner Ensemble anzurufen. Hahaha. Wiederschauen. Viel Glück.
(Überquert den Kurfürstendamm)
Ich habe das ganz klare Gefühl, dass die Mauer eine zwar unsichtbare, aber doch merkliche Spur in der Stadt hinterlassen hat, die man überschreitet, wenn man von Westen nach Osten fährt oder umgekehrt. Immer noch. Eine Hürde. Man unternimmt ein kleine Reise. Wenn ich also von Pankow nach Friedrichshain oder von Pankow nach Mitte oder sonstwohin fahre – kein Problem. Aber wenn ich hierher fahre – ich bin ja eigentlich eher so ein Wilmersdorfer Typ, normalerweise, würde man ja sagen –, herrscht natürlich ein völlig anderer Ton. Andere Luft. Pankow hat eine ganz andere Infrastruktur, da laufen die Leute immer noch mit diesen kleinen Plastiktüten rum, nein, das ist schon anders, ganz was anderes.
(Auf der Bleibtreustraße, vor einer Litfasssäule)
STUCKRAD (liest einen Plakattext vor): Einmalig in Berlin. Der Berliner Theaterclub. Auch Dieter Hallervorden sagt: Berliner Theater-

club. Einfach besser und preiswerter. Und Dagmar Biener, Anita Kupsch und Friedrich Schoenfelder sagen das auch.
PEYMANN Das ist die ganze Sechziger-, Siebziger-Jahre-Generation. Die haben einen Knall. Der ist sehr gut, der Chef, aber der hat unheimliche Rückgänge zu verzeichnen, das ist die Tragik des Berliner Theaterclubs, sich praktisch nur an die sechziger und siebziger Jahre zu klammern. Deshalb haben die auch solche Verluste. Wirklich, wir haben fast 3000 neue Abonnenten geworben und die verlieren die hier, obwohl der Typ ganz gut ist, der das macht. Ach, diese ganze Gegend, Savignyplatz, da leben ja eigentlich die 68er-Rentner, da gehöre ich ja eigentlich auch hin. Aber mir tut das gut, in Pankow zu leben, weil das Wildnis ist für mich. Fremd. Expedition in eine Welt, die ich so gar nicht kenne. Und wenn ich hier bin, es ist grotesk, denn es ist ja eigentlich mein Kiez, wenn man so will, aber es ist inzwischen so, dass ich es anstaune. Immer mehr Glitzerbuden. Hier gehen wir rein. Das ist doch gut, eine Kleinigkeit essen. Sehr gut.
(Im Restaurant La Cantina, Bleibtreustraße)
Guten Abend. Eine Ecke. Hier ist reserviert? Macht nichts. Hier können wir sitzen, das ist gut. Sehr schön. Die Adresse bitte, sagen Sie mir bitte die genaue Adresse.
KELLNER Ich kann Ihnen später eine Visitenkarte geben.
PEYMANN Nein, ich brauche jetzt die Straße, damit meine Sekretärin mir mein Portemonnaie schicken kann, das ich im Theater vergessen habe.
KELLNER Bleibtreustraße.
PEYMANN Nummer?
KELLNER 17.
PEYMANN (nimmt sein Mobiltelefon zur Hand, schüttelt es): Jetzt habe ich was falsch gemacht. Ach nein, kein Empfang hier. Naja. Ich werde mir ein paar Vorspeisen zusammensuchen. Schön, dass ich auf diese Weise einen offenbar guten Italiener kennen lerne. Das ist gar

nicht so einfach in Berlin. So, Vorspeisen, das mache ich jetzt, suche ich mir selber aus.
(Füllt sich am Buffet einen Teller: eingelegtes Gemüse, Fisch)
Man nimmt immer zu viel. Herrlich.

24 DEUTSCHES THEATER

KULISSE I 25

Arbeitsmarkt

Erst die Zahl: 3.798.701
Nun der Text:
Die digitale Etagenanzeige des Behördenlifts hat spannungsbereitend heruntergezählt, jetzt soll der mit gehefteten Papierstapeln beladene Schiebewagen eigentlich in einen Konferenzraum geschoben werden, dann könnte sich jeder der anwesenden Journalisten einen kopierten Statistikbatzen nehmen. In fünf Minuten wird dort Bernhard Jagoda, der Präsident der Bundesanstalt für Arbeit, wie jeden Monat die „Eckwerte des Arbeitsmarktes" präsentieren. Dass sie allgemein als „Arbeitslosenzahlen" tituliert werden, illustriert Rezeption und Funktion des Eckwertepapiers: „Plus oder minus", das ist die Kerninformation. Es wäre folglich logisch, würde aber zu traurig klingen, das Amt „Bundesanstalt für Arbeitslosigkeit" zu nennen. Die Zahl also. Konjunktur, Saison, Inflation – alles schön und gut, aber darf nun die Regierung sich rühmen oder muss sie sich verteidigen? Munitioniert die Bilanz die Opposition? Darf Angela Merkel schimpfen, Rot-Grün habe „fasaakt"? Doch der Schiebewagen wird den Konferenzraum auch diesmal nicht erreichen.

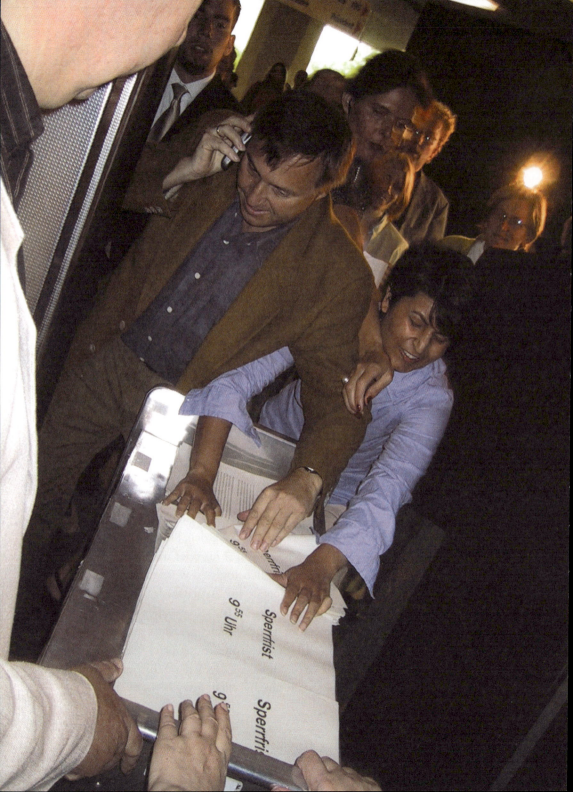

Die Fahrstuhltür öffnet sich, der Wagen wird von zwei Bundesanstaltsbediensteten aus der Kabine geschubst, und hungrig wirkende Journalisten tumulten herbei, schubsen, schreien, schnappen nach den Papierstapeln. Nach 20 Sekunden ist alles vorbei, der geplünderte Wagen steht traurig da, ein paar zerrissene Restexemplare liegen drum herum auf dem Fußboden. Franz Josef Wagner hat einmal Überlegungen darüber angestellt, ob Fingernägel in der Lage seien zu weinen. Wäre das so, hätten vielleicht auch Bundesanstaltsschiebewagen Emotionen, und dieser hier würde sich wohl gerade fühlen wie Angela Ermakova.

Gleich hat der Präsident das Wort, die Journalisten knien im Flur, blättern eilig in den Eckwerten und lesen ihren Mobiltelefonen daraus vor. Ab zehn Uhr sind die Zahlen im Internet abrufbar, aber es ist ja erst kurz vor, und so kann die neue, noch ganz frische Zahl durch schnelle telefonische Weitergabe von Agenturen um kurz vor zehn schon weitergetickert und gerade noch in die Zehnuhrnachrichten aufgenommen werden. Auf diese paar Minuten kommt es anscheinend an, die Hektik ist groß.

„Sperrfrist 9:55 Uhr" steht auf dem obersten Blatt der verfütterten Stapel, und genau um 9:55 Uhr hatte die Fahrstuhltür sich geöffnet: Jeden Monat dasselbe Spiel, mit dieser fünfminütigen Exklusivität werden Journalisten geködert, sich in die Nürnberger Bundesanstalt zu begeben und nach dem Schiebewagensturm auch noch Herrn Jagodas Zahleninterpretation anzuhören.

10:01 Uhr, der Präsident hat das Wort. Konjunkturelle Abkühlung, Erwerbstätigkeit gesunken, Arbeitslosigkeit gestiegen, Eintrübung im Westen, Osten weiter schwierig. Hinter Jagoda hängen Grafiken mit Pfeilen und Säulen in Signalfarben, unterlegt mit blässlichen, grob gerasterten Werktätigenfotos; Kameras und Mikrophone, Augen und Ohren der Journalisten mit dem Fünfminutenprivileg sind auf ihn gerichtet und er saisonbereinigt all die Zahlen.

Draußen trübes Nürnberg, drinnen Neonlicht und unerfreuliche Zahlen, auf deren Verkündung und Ausdeutung der Präsident Empfehlungen und Bitten folgen lässt. Verstärkt über Kurzarbeit nachdenken, bitte! Intelligentes Arbeitszeitmanagement! Und hallo, New Economy, nicht gleich alle entlassen, es gibt 181 Arbeitsämter mit 650 Geschäftsstellen und so viele Möglichkeiten zur Stellenrettung!

Die auf Jagodas Ausführungen folgende Fragerunde wird, auch dies wie jedes Mal, eröffnet von *Handelsblatt*-Autor Karl-Heinz Schmidt, der seit der ersten Nürnberger Eckwertebekanntgabe dabei ist und immer die Eröffnungsfrage stellt. Das ist eben so.

Gerhard Schröders selbst auferlegtes Ziel, die Zahl der Arbeitslosen innerhalb dieser Legislaturperiode unter 3,5 Millionen zu bringen, scheint sowohl Jagoda als auch den Journalisten kaum noch erreichbar. Also wird Merkel schimpfen, Westerwelle einen Grünenwitz maßschneidern und Schröder teilwesen Nachbesserungsbedarf eingestehen (auch wenn es insgesamt natürlich super läuft und Miesmacherei einer konzept- und führungslosen Opposition in so einer Konjunkturdelle auch nich richtich was beweecht).

Auf die Tatsache, dass auch 3,5 Millionen, selbst 2, sogar 0,5 Millionen Arbeitslose noch ein Skandal wären und ein großes Problem für den sozialen Frieden des Landes und die Systemgläubigkeit seiner Bürger darstellten, hat zum letzten Mal ernsthaft Christoph Schlingensief hingewiesen. Und ausgerechnet da dachten alle, es wäre Theater.

Die monatliche Zahlenverkündung ist natürlich eine undankbare Aufgabe. Trotzdem wirkt Jagoda nicht im Geringsten gleichgültig, und wenn er vom Zahlensalat ablässt und über den „Individualschmerz", die in der Statistik und durch Euphemismen wie „Leistungsempfänger" unsichtbar werdenden Einzelschicksale spricht, klingt er aufs Sympathischste empört und kämpferisch.

Ein Redakteur des Bayerischen Rundfunks dankt vor dem Einzelgespräch mit Jagoda für die jahrelange gute Zusammenarbeit, er werde nun für drei Jahre als Korrespondent nach Brüssel gehen, berichtet er und setzt sich einen Kopfhörer auf, Jagoda und er nehmen vor einem Mikrophon Platz, und Jagoda beginnt zu schwärmen: Brüssel, da könne er gute Tipps geben! Er schreibt ihm die Adresse eines Brüsseler Freundes auf, der ihm vor Ort gewiss behilflich sein werde, und erkundigt sich freundlich, ob denn der Redakteur vor dem Umzug noch Urlaub plane, das könne doch nie schaden. Ja, äh, Gleitschirmfliegen im Zillerthal, sagt der Redakteur sanft errötend am Mikrophon vorbei und murmelt dann irgendwas Abschließendes von Zeitnot, schließlich ist sein Interview ein öffentlich-rechtliches, so genanntes Sammelangebot, Redakteure aus mehreren Bundesländern haben sich zugeschaltet – man sieht sie nicht und darf sie deshalb nicht vergessen. Zur Sache also, und nachdem er sich dabei wiederholt verhaspelt hat, wenn die Rede aufs Job-AQtiv-Gesetz kam, da es offiziell nunmal mit Q geschrieben wird, als sei es ein in der Raumfahrt entwickelter Managerjoghurt, erklärt Jagoda ihm, dass irgendein Schlauberger der Anstalt beim Titelschutz zuvorgekommen sei, und nun müssten alle dauernd über das Wort stolpern. Der Redakteur beendet sein Interview und bedauert, dass Jagodas Exkurs über das zu Unrecht schlechte Image von Arbeitsbeschaffungsmaßnahmen wohl zu kompliziert sei für die Hörer und deshalb rausgeschnitten werden müsse. Und hier noch mal die Zahl: 3.798.701.

Truppenbetreuung

Wenigbekleidete, silikongefütterte Damen & Freibier – im Soldatenjargon heißt dieses Arrangement wahrscheinlich „Wichsphantasie", für den Springer-Konzern ist es, dezent profaner, eine Marketingmaßnahme. Im Dezember hatte das Verteidigungsministerium eine „Umgang mit Sexualität" betitelte „Führungshilfe für Vorgesetzte" erlassen. Begründet wurde der Erlass mit der „weiteren Öffnung der Streitkräfte für Frauen und der Änderung der bisherigen Haltung der Bundeswehr gegenüber Soldatinnen und Soldaten mit gleichgeschlechtlicher Orientierung". Mit anderen Worten: ein Schritt gegen das Klischee von der erstens schwulenfeindlichen Bundeswehr, die, zweitens, Frauen allenfalls in der Erscheinungsform Nacktfoto für den Kleiderschrank Platz gewährte. Unter anderem wurde in diesem Erlass das „sichtbare Anbringen pornographischer Darstellungen" erstaunlich spät als Tatbestand sexueller Belästigung erkannt und definiert. Von jener Führungshilfe verspricht sich General Harald Kujat den „Abbau von Verhaltensunsicherheiten".

Als in der letzten Woche 1000 Liter Freibier und drei in gelbes Gummi gebifite, prostituiert wirkende Frauen in eine seltsamerweise INNEN mit Tarnnetzen verhängte Halle auf dem Gelände der Regensburger Prinz-Leopold-Kaserne geliefert wurden, wirkte das dergestalt beglückte Gebirgsnachschubbataillon 82 relativ verhaltenssicher: Sie grölten, prosteten und machten Fotos. Diesen humanitären Einsatz hatten sie der *Bild*-Zeitung zu verdanken, die auf den Pornographieerlass gewohnt gelenkig und fußvolknah reagiert hatte: mit einem so genannten „Spindluderwettbewerb". Dessen Kernbotschaft lautete, Sexismus sei natürlich schlimm, und Pornographie nicht ungefährlich, aber – ähnlich wie alle Lebensfreuden – in Maßen genossen verzeihlich, ja geradezu nötig. Demzufolge: „Rettet das Spindluder!" Als Robin-Wood-Aktivisten in derselben Zeit das Wendland retten wollten, fand die *Bild*-Zeitung das allerdings etwas übertrieben.

Was nun ist ein Spindluder? Diese Bezeichnung ist mit ziemlicher Sicherheit einer der vielen herzerfrischend menschenverachtenden Neologismen von *Bild*s Rampendichterin Hier-klatscht-Katja-Kessler. Die hatte vor dem Spindluder schon das „Boxenluder" kreiert, praktischerweise handelt es sich um ein und dieselbe Person: Kathie Price aus Brighton. Bekannt geworden war das Luder mit variablem Präfix und ebensolcher Oberweite (letzter vermeldeter Milchstand: F) durch komplizierterweise genau das Nichtzustandekommen einer Affäre mit dem Rennfahrer Ralf Schumacher. Der soll im Bett neben ihr prompt eingeschlafen sein, was den dröge wirkenden Co-Kerpener erstmals grundsympathisch erscheinen lässt. Schumacher fuhr damals noch für den Rennstall Jordan, bei dem Kathie Price als Hostess arbeitete. Das tut sie immer noch, diese Berufsbezeichnung ist recht dehnbar, inzwischen wird Kathie als „Jordan" zu den zahlreichen Price-Verleihungen gebucht. Wie eben nach Regensburg, bezahlt, wie das Bier, von *Bild*. Die Spindluderrettung war als Gewinnspiel angelegt worden – das Boulevardblatt hatte um Zusendung von Spindfotos gebeten, aber eben nicht, um General Kujat mit diesem Bilderabhängungsgesuch bei der Sexismushygiene behilflich zu sein, sondern um das häufigst eingesandte Fotomodell zu küren und unter den Einsendern einen Tag der offenen Hose zu verlosen.

Gewonnen hat der Hauptgefreite Martin Jungnickl, stationiert in Regensburg, und *Bild*-Redakteur Tom Drechsler bereitet auf einer kleinen Bühne stehend das Eintreffen des leibhaftigen Spindluders vor, indem er Jungnickl und seine auf Holzbänken sitzenden, olivgekleideten Kumpels zum Üblichen motiviert:

„Wollen wir dann alle versuchen, ein bisschen ‚Kathie, Kathie' zu rufen? Ihr dürft applaudieren, ihr dürft johlen, ihr dürft alles machen." Das klingt gut, finden die Soldaten und holen mehr Bier.

Ebenfalls in Kompaniestärke angetreten sind Pressevertreter, die den großen Spaß anschließend im Land herumerzählen sollen. Da das Spindluder gerade noch ein Stauluder ist, wird versucht, die Wartezeit sinnvoll zu nutzen, und Jungnickl gibt sein 700. Interview. Gerade beantwortete er die recht suggestive Frage eines Sat1-Reporters, ob er denn „für Kathie in den Kampf ziehen" würde, knapp mit „Joah, klar" und das soll er nun „bitte noch mal im ganzen Satz" sagen. „Für Kathie würde ich in den Kampf ziehen." Der Tonmann hebt den Daumen, der Reporter bedankt sich und freut sich auf sein verblödetes Satirchen. Nahe des Zapfhahns hat ein anderer Mikrophonhalter die wartenden Kurzhaarigen zur La-ola-Welle überreden können, ein Heidenspaß ist das. Eine Nervensäge des öffentlich-rechtlichen Frühstücksfernsehens trägt, hoho, auch Uniform und spricht harmlose Frechheiten in sein aufgeregt wackelndes Handmikrophon. Ist im Kasten, wird sicher sehr komisch.

Herr Drechsler erzählt von den „hauptsächlich drallen" Endausscheidungsmotiven, die „zum Teil sogar mit Tesafilm dran" verschickt wurden, also echt echt. Von etwaigen Flecken sagt er nichts und seinen Fotografen nennt er freundschaftlich „Kosovo-Müller". Kathie müsse jeden Moment eintreffen. Irgendein Leistungsträger mit voll gestickten Schulterklappen, inzwischen nehmen die Reporter wirklich jeden, spricht über diese „außergewöhnliche Art der Truppenbetreuung" in ein paar Diktiergeräte, die Bundeswehr könne sich so zeigen als „voll in der Gesellschaft drin", da kommt endlich Kathie Price angefahren, gerahmt von zwei, vorsichtig gesagt, ähn-

lich aussehenden Frauen. Mitten im Schwurbelsatz werden dem Vorgesetztenmund die Mikrophone entzogen. Da! Das Spindluder!

Mit viel Sinn für subtile Effekte lässt ein Techniker Tom Jones „Sex Bomb" erklingen und Drechsler bittet „Ok, the first name, can you say it?", und dann endlich, viel zu spät, wollen alle mal versuchen, ein bisschen „Kathie, Kathie" zu rufen, was lustig klingt, da die schreienden Soldaten uneins sind über die Aussprache des th.

„Welcome to Regensburg, this is your man", charmiert Drechsler weltläufig. Kathie Price muss Martin Jungnickl küssen und ihm ein Formel-1-Ticket schenken, bekommt im Gegenzug ein Plüschtier und Blumen, und Jungnickls Freunde rufen: „Pass auf mit AIDS, Kamerad." Ob sie denn man mal „Gebirgsnachschubbataillon" sagen könne, auf Deutsch, scherzt Drechsler und das klappt natürlich nicht – ein Kracher.

„Are you a Spindluder?", fragt der Frühstücksfernsehenclown und später zwingt er die Engländerin, die von nahem aussieht wie ein explodierter japanischer Geburtstagskuchen, bei einem gespielten Witz mitzuagieren: Ob er in den Ausschnitt filmen dürfe, fragt er, er darf, und dann, das ist der Witz, geht sie mit ihm aus dem Bild, und die anderen beiden Damen tun es ihr nach, was ist das schön.

Inzwischen haben die Kamerateams die Bühne komplett besetzt und die Soldaten sehen kaum noch was vom Luder, also erinnert Drechsler südkurventauglich:

„Das ist eine Veranstaltung für die Soldaten, liebe Pressekollegen!" Diese Art Dialektik ist zwar atemberaubend verheuchelt, doch den Journalisten ist es egal, sie dürfen in einem Hinterzimmer vor einer Werbewand (*Bild*! Benson & Hedges!) mit Kathie sprechen. „One personal question", bittet jemand. „About Ralf or about my boobs?", fragt Kathie Price routiniert. Also werden es wohl zwei persönliche Fragen.

Auszeichnungen

Irgendwann wird der Preisverleihungsirrsinn in Deutschland kulminieren in der Verleihung des goldenen Nichts an zum Beispiel Reinhold Beckmann. Jede Woche liest man schließlich von einem Verband, der einen halbwegs Prominenten auszeichnet fürs Pfeifenrauchen, Krawattentragen, Haustierbesitzen, fürs Mini-Fahren oder Biertrinken. Der Verband kommt auf diese Weise in die Zeitung, der Prominente auch, die Journalisten kriegen was zu trinken und was zu schreiben, kurzum: ein funktionierendes System. Ist ja auch immer schön, wenn Zusammenhänge in so unübersichtlicher Zeit (vgl. dazu: P. Hahne) abbildbar sind. Eine typische Berliner Woche liegt hinter uns: Man konnte Füße waschen mit Papa Thierse, Fahrradfahren mit Onkel Eichel, dann hat es geregnet, und dann wurde Sabine Christiansen zur „Montblanc Business Lady Berlin 2001" gekürt.

Schon war es Freitag geworden, und Günter Jauch in die Königlich Norwegische Botschaft vorgeladen worden, sich bitteschön den „Goldenen Lachs 2001" abzuholen. Bei der letzten Skisprung-WM hatte Jauch in mehrstündiger Improvisation vor Live-Kameras ausgiebigst für das Land geworben, da er viel zu senden, jedoch nichts zu berichten hatte. Wenn die Leitung zusammenbricht, der Gast fehlt, Schneesturm einsetzt, etwas umfällt (man erinnere sich an das Fußballtor!), reagiert Günter Jauch verlässlich genial und unterhält das Publikum weitaus besser als mit dem Geplanten. Die Qualität eines Moderators wird überprüfbar in Momenten technischer Pannen. Fernsehen wird im Falle Jauchs dann angenehm wie selten, weil da jemand steht, der endlich mal auch nicht weiterweiß, der das Scheitern thematisiert und eben nicht stotternd die Regie anbettelt, sondern der lakonisch den Defekt beschreibt und sich, wenn idealerweise der Fehler nicht allzu schnell behoben werden kann, fatalistisch in herrlichsten Stehgreifsprechjazz steigert, so dass der Fernsehzuschauer den Moment fürchtet, in dem es wieder planmäßig wird.

„Es soll jeden Moment weitergehen, aber das soll es ja schon immer", sagte Jauch und redete dann über die netten Einheimischen, die schönen Hotels, Wandermöglichkeiten und den guten Fisch. Stundenlang. Zwischendurch trug ein Mitarbeiter einen ausgestopften Elch durchs Bild, Jauch hielt sich zwei Gebäckstücke an die Mütze und war lustiger als hundert Comedy-Heloten zusammen.

Gründe genug also für Morten Wetland von der Norwegischen Botschaft, Jauch zu danken. Eine der Nebenwirkungen des Berufs Fernsehmoderator ist die (meist beidseitige) Rollenbeibehaltung abseits des Bildschirms: Jeder Mensch denkt, er täte Thomas Gottschalk einen Gefallen, wenn er mit ihm um irgendwas wettet; Jürgen von der Lippe muss sich gerechterweise an jeder Straßenecke einen Altmännerwitz anhören, und wer immer derzeit mit Günter Jauch zu tun hat, zählt ihm prustend vier mögliche Antworten auf irgendeine Frage auf. Also setzt sich natürlich auch Herr Wetland neben Jauch vor eine Leinwand und fragt, was das Nationaltier Norwegens ist und welchen Flächeninhalt das Land hat. Als Jauch den „50/50-Joker" in Anspruch nimmt, hakt die Technik und statt eines Tipps gibt es schon die Auflösung: Ein gelber Pfeil blinkt neben der richtigen Antwort C auf, Herr Wetland erschrickt, flucht, aber Jauch freut sich natürlich, woraufhin sich dann auch Herr Wetland freut, die Panne bewahrt die Veranstaltung vor unangebrachter Staatsträgerei, es geht ja nur um Fisch und Fotos, also bitte, also weiter, Messingfischübergabe, Blitzlicht, Händeschütteln, kurze Dankesrede, Jauch redet charmant über Norwegerpullover, Todesängste und den Angelschein.

Ein kluger älterer Herr vom Norwegischen Rundfunk stellt sich, statt sich im Anschluss von der Konkurrenz auf die Füße treten zu lassen, einfach neben den gerade preisempfangenden Jauch und hält ihm das Mikrophon hin, schon wieder eine Abweichung, die Veranstaltung nähert sich formal ihrem Anlass – der Defekt als Aufwertung der Inszenierung, prima, dann geht es nun also zum Lachsbüfett.

Ja, ich höre gerne Klassikradio, nein, Madonna ist mir wurscht, Urlaub ja, im August, zwei Wochen nach Tirol, der Kinder wegen, nein, ein weiteres Kind adoptieren wir nicht, ja, mit den Quoten sind wir weiterhin sehr zufrieden, stimmt, die Pause ist nötig, danke. Redet Jauch routiniert in diverse Mikrophone, tariert geschickt Naivität und Spott aus, er versteht es, anders als die meisten Fernsehheinis, freundlich, dabei trotzdem unnahbar zu bleiben – und dadurch angenehm. Trotz seiner Omnipräsenz sieht man ihn noch immer recht gern, auch wenn er kurz davor ist, einfach prinzipiell zu nerven, was schade wäre.

„12 – 8 – 4 – 2", leiert seine Frau Thea geduldig einer begeistert stenografierenden Reporterin ins Ohr. Ihre Telefonnummer? Die Lottozahlen? Nein, die Altersangaben ihrer Kinder, für den persönlichen Seitenaspekt. Und dies noch: Jauchs hatten mal ein norwegisches Au-pair-Mädchen, die hieß Lene und war sehr nett, der Flächeninhalt Norwegens beträgt 323.758 qkm, und gerade tickert es herein, nein, ist denn das die Möglichkeit? Die Stadt Münster hat Götz Alsmann (Brillenträger des Jahres 2001) die Goldene Pute verliehen.

Einzeltäter in der Lokalpresse

Das 14-jährige Mädchen habe am Montagabend auf dem Bahnhof der Kreisstadt zwei Beamten des Bundesgrenzschutzes den Hitlergruß gezeigt, teilte die Polizei gestern mit. Daraufhin vorläufig festgenommen, habe die Tatverdächtige in der Polizeidienststelle „Hitler"-Rufe sowie Parolen wie „Ausländer raus" und „Deutschland den Deutschen" geäußert. Eine Untersuchung habe einen Atemalkoholwert von 1,5 Promille ergeben.

Auf dem Funkmast war eine so genannte Reichskriegsflagge angebracht worden.

Der Ausländer war nach Polizeiangaben am späten Sonntagabend in einem Tunnel des Bahnhofs von fünf jungen Männern zusammengeschlagen worden.

Mutmaßliche Rechtsradikale haben ein Hakenkreuz auf die Dorfstraße gesprüht. Die Polizei veranlasste die Beseitigung der 1,60 mal 1,20 Meter großen Schmiererei.

Bislang unbekannte Täter haben am Wochenende mit silbergrauer Farbe ein Hakenkreuz auf der Gedenkstätte der jüdischen Synagoge gesprüht.

Nach der Misshandlung eines 24-jährigen indischen Asylbewerbers am Wochenende hat das Amtsgericht der Stadt gestern Haftbefehle gegen vier Tatverdächtige erlassen.

Der so genannte Hakenkreuzwald wird abgeholzt. Bei dem Hakenkreuz handelt es sich um 1944 angepflanzte gelbe Lärchen, die aus der Luft im grünen Nadelwald ein deutlich sichtbares Hakenkreuz bilden. Bereits in den nächsten Tagen sollen die Sägen angesetzt werden.

Die Jungen im Alter von 14 bis 16 Jahren warfen in dem Kindergarten etwa zehn Scheiben ein, wüteten in mehreren Spielräumen, zerstörten Schränke und entleerten zwei Feuerlöscher in den Zimmern und auf den Fluren. Zudem schmierten sie ein Hakenkreuz an eine Wand.

Ein Unbekannter hat gestern im Landtag ein Hakenkreuz in die Staubschicht einer Fahrstuhltür gezogen. Der Landtagspräsident äußerte sich betroffen.

Dem Angeklagten, der ein eintätowiertes Hakenkreuz auf dem Hinterkopf trägt, wird Körperverletzung mit Todesfolge vorgeworfen. Er soll nach einem Streit einen 22-Jährigen aus der linken Szene vor ein vorbeifahrendes Taxi gestoßen haben.

In einem Park brüllten Jugendliche nach Polizeiangaben „Sieg Heil". Die Beamten nahmen von den sieben zum Teil betrunkenen die Personalien auf. Mehrere Musikkassetten und ein Rekorder wurden sichergestellt.

Durch ein Hakenkreuz aus brennenden Teelichtern ist eine ehemalige Gaststätte in Brand gesetzt worden. Wie die Polizei gestern mitteilte, waren Unbekannte gewaltsam in das Gebäude eingedrungen und hatten dort auf einem Holztisch das Nazisymbol aus den Kerzen zusammengestellt und danach entzündet. Durch die Hitzeentwicklung fing die Tischplatte Feuer.

Der angetrunkene 17-Jährige grölte „Deutschland den Deutschen. Neger raus aus Deutschland" und hob die Hand zum Hitler-Gruß.

Unbekannte haben auf dem Sportplatz ein sechs mal acht Meter großes Hakenkreuz in den Schnee geschippt.

Nach Polizeiangaben hatten am Dienstagnachmittag Unbekannte den Briefkasten des Ausländerbeirats beschädigt.

Zum Ende der Betriebsferien hin hatte es erneut Nazi-Schmierereien an den zum Teil leer stehenden Unternehmensgebäuden gegeben. „Ich habe aufgegeben zu zählen, wie oft wir so etwas schon beseitigt haben", gesteht der Firmenchef resigniert ein.

Der 16-Jährige wolle sich „an die Zeitung und somit an die Öffentlichkeit wenden, um sich zu entschuldigen". „Ich wollte cool sein im Fernsehen und habe eine Menge Mist geredet", sagte der Jugendliche. Er habe „kein Hakenkreuz im Kinderzimmer und dennoch viele Freunde".

In den Giebel eines Einfamilienhauses hat ein Häuslebauer ein Hakenkreuz einmauern lassen. Das mit gelben Klinkern in eine rote Wand eingearbeitete Nazi-Symbol sei etwa 60 mal 60 Zentimeter groß. Es wurde erst sichtbar, als die Bäume im Herbst ihr Laub verloren.

Einer der Rädelsführer feixte sogar, nachdem er gerade zu einer zweijährigen Haftstrafe ohne Bewährung verurteilt worden war. Am schwarzen Kapuzen-Shirt des 21-Jährigen prangte der Schriftzug „Vallhalla".

Zwei für die geplante Demonstration zunächst benannte Ordner seien erst dieser Tage mit Recht und Gesetz in Konflikt geraten. Als die Polizei am vergangenen Wochenende eine „Skin-Feier" auflöste, habe sie auch diese Personen erkennungsdienstlich erfasst, eine davon mit einem Hakenkreuz-bedruckten Pulli.

Die Unbekannten hätten weiße Heizungsfarbe über eine Gedenktafel gegossen, die an die ehemalige Synagoge erinnert, bestätigte die Polizei gestern.

Nach den jüngsten fremdenfeindlichen Übergriffen sollen jetzt rechte Schläger in der Linie 4 mit Videokameras abgeschreckt werden. Trotzdem soll die Linie 4 von April an nicht wie bisher bis Mitternacht verkehren.

Mitglieder der freiwilligen Feuerwehr hatten das etwa eine Tonne schwere Monument mit eingemeißeltem Hakenkreuz aus dem Jahr 1933 vor ihrem Depot aufgestellt.

An vorherige Schmierereien in so geballter Form könne er sich nicht erinnern, sagte der Bürgermeister. Sicher habe es schon früher kleinere Fälle gegeben, wie mal ein Hakenkreuz am Baum oder kleinere Graffiti.

Ein 17 Jahre alter Jugendlicher schlug einen 19-jährigen Aussiedler mehrfach mit der Faust ins Gesicht. Dabei sagte er laut Polizei: „Hier wird deutsch gesprochen. Wir werden euch alle töten."

Unbekannte hatten das Nazi-Symbol in der Nacht zum gestrigen Montag auf das Ortseingangsschild gemalt. Ein mit einem Hakenkreuz und rechten Parolen verunstalteter Wertstoffcontainer wurde gestern Morgen abgeholt und durch einen neuen ersetzt.

Ein 9-jähriger Junge hat am Wochenende mit einer kurz zuvor gestohlenen Farbsprühflasche ein Hakenkreuz an die Wand des Einkaufszentrums gesprüht. Wie die Polizei weiter mitteilte, konnte der Junge kein Motiv für seine Tat nennen.

Buchpräsentation

„Dit Buch stört", kräht die ältere Dame in Richtung Podest, „dit Buch!" Schließlich erbarmt sich eine Mitarbeiterin des Berliner Kulturgutsupermarktes Dussmann und rückt Gregor Gysis gebundene Erinnerungen „Ein Blick zurück, ein Schritt nach vorn" (= „dit Buch") zur Seite, so dass der Zuschauerblick frei ist auf ihn, Gregor Gysi. Neben einem zauseligen Redakteur der obskuren Tageszeitung *Berliner Kurier* auf einem Bistrostuhl hockend ist Gysi wahrscheinlich sogar größer als im Stehen, doch die erste Reihe sitzt in einem so ungünstigen Winkel, dass man von dort aus statt Gysis echtem Kopf den vom Buchdeckel sieht, allerdings mit den echten Beinen dran. Weg damit! Natürlich bedankt sich die ältere Dame nicht bei der dit-Buch-Wegräumerin, schließlich ist sie 40 Jahre lang belogen und betrogen worden, also.

Gregor Gysi ist ihr Held. Er macht Wessiwitze, ist schlagfertig und erfolgreich, ein bisschen unverschämt und lebt stellvertretend ein Berlinerschnauzeleben, für das Großteilen seiner Anhängerschaft Geld, Bildung und Glück fehlen, warum sonst sollten sie seine Anhänger sein.

Eine Dekade lang hat Gysi die PDS verkörpert, war im TV einer der wenigen nicht unangenehmen Offensivossis, ein Talkshowglücksfall, und nun kehrt er freiwillig in den Anwaltsberuf zurück; vielleicht wird er auch bald Bürgermeister von Berlin, aber da muss er erst noch ein paar Mal gebeten werden. Vielleicht kommt auch bald heraus, dass Gysi in Wahrheit der Komponist des Racheschlagers „Im Osten" ist.

Dit Buch ist inzwischen von seinem zweiten Stellplatz gekippt, aber Gysi redet ja ohnehin frei, eine ganze Stunde lang, hin und wieder murmelt der *Kurier*-Redakteur ein paar lenkende Stichworte, aber nicht weil Gysi sie bräuchte, sondern um dem Eindruck eines Selbstgesprächs vorzubeugen.

Im Dezember letzten Jahres präsentierte an diesem Ort auch Helmut Kohl seine juristisch clever selektierten Erinnerungen und wurde mit Sahnetorte beworfen. Gysi wird beim Signieren Vollkornbrot geschenkt bekommen. Doch erst spricht er noch souverän oszillierend zwischen Hohn und Empörung als einer von uns – und wir, das sind die, die die (die Wessis) Ossis nennen. Das schmeichelt der geschundenen Seele. Gysi ist ein sehr guter Witzeerzähler, zwar umfasst sein Repertoire nicht allzu viele Pointen, doch noch den abgedroschensten seiner Anekdotenklassiker versteht er im Vortrag durch kleine Nuancierungen, insistierende Gestik und Hochdruckton originär erscheinen zu lassen. Auch der Stichwortgeber muss immer wieder lachen.

Einem Schlagerproduzenten ähnlich koppelt Gysi fortwährend Refrains aus seinem Werk aus, testet die Akzeptanz, und wenn ein Thema, eine Melodie Applaus erntet, legt er entsprechend nach. Krepiert ein Gedanke auf dem Vermittlungsweg, wird er modifiziert oder ganz ersetzt. Wenn es humorig wird (wird es dauernd), erliegt er der Versuchung und verfällt in Berliner Dialekt. Wird es dann allzu ausgelassen, wechselt er blitzschnell die Stimmfarbe und formuliert in das Lachen hinein ernste, eindringliche Spaßbeiseites. Aus dem Lachen wird dann Applaus und alle finden sich und Gysi einzigaufrichtig. Für zünftige Kohl-Beschimpfungen wäre die Situation äußerst geeignet – doch Gysi bleibt mild, parodiert Kohl beinahe liebevoll lispelnd, und bevor alles zu simpel wird, kritisiert er lieber den Rest der CDU. Gysis Publikum hasst Kohl; doch Gysi könnte ihnen alles plausibilisieren: Sie nicken – stimmt, armer Kohl. Und: großmütiger Gregor! Dafür gibt es zwei Punkte.

Bald ist die Atmosphäre sehr verschworen, erinnert an die im Vereinsheim eines gerade abgestiegenen Fußballclubs. Verloren haben wir, aber doof sind die anderen. Ihr könnt nach Hause gehen, ihr könnt nach Hause gehen, ihr könnt, ihr könnt, ihr könnt nach Hause gehen! Aber vorher noch ein Autogramm, bitte.

Eine weitere alte Dame (scheinbar Gysis Kernzielgruppe) steigt aufs Podest und will unbedingt allen erzählen, wie sie schon ganz früher gewusst habe, dass der Gregor und so weiter, kurz blickt ein Sicherheitsbeauftragter nervös, ob die Dame vielleicht tortenbewehrt ist, aber sie ist bloß herkömmlich wirr, nicht weiter schlimm. Gysi signiert, bekommt die Visitenkarte vom Leiter der VHS Iserlohn, viel Lob und Dank, der Mundgeruch Magenkranker weht über den Tisch und alle sind freundlich.

Zum Jeburtstach isset? Keen Problem, mach ick anres Datum rin usw. usf.

In Leipzig habe er so exzessiv signiert, erzählt Gysi (wie stets selbst sehr angetan vom eigenen Gerede), dass sein Ellenbogen geblutet habe. Nein! Is wahr? Aber ja! Sie schenken ihm Glücksbringer, tätscheln seinen Arm und kaufen dit Buch.

Gen Ende der Schlange steigt der Seltsamkeitsfaktor der Anträge naturgemäß – wenn von hinten niemand mehr drängelt, ist leichter

ein persönliches Gespräch erzwingbar. Gysi bekommt drei verschiedene Vollkornbrote überreicht von einem Mann, der von Ökologie auf Ökonomie kommend sich zur These emporklimmt, Gysi sei eine Art Vollkornbrot. Also: so politisch irgendwie. Al Gore habe er kürzlich Gedichte von Erich Fried geschenkt, erzählt der Brotbringer weiter.
Nun soll Gysi noch seinen blutigen Ellenbogen zeigen, bitte!
Ach wo!
Bitte!
Na, hier Mensch, weiß jar nüscht, ob da noch was zu sehen –
Gysi krempelt seinen Hemdärmel wieder herunter. Eine kleine Rötung war zu sehen, von Blut keine Spur.

HAMBURG HAUPTBAHNHOF 57

HAMBURG HAUPTBAHNHOF 59

Pizzabringdienst

Vor kurzem träumte ich, John de Mol und Leo Kirch hätten mich in ihrer Gewalt. Wie immer wachte ich davon auf, dass ich irgendwo herunterfiel, im Traum, und nach zwei Sekunden schon hatte ich, ebenfalls wie immer, die Details des Traumszenarios vergessen. Was hatten die beiden Ehrenmänner gegen mich in der Hand gehabt? Zumindest habe ich mir merken können, was das Duo von mir gefordert hatte: Da die bis vor kurzem noch quotenträchtigen so genannten Real Life Soaps schwächelten, musste ein neues Konzept her, mit dem man bei geringem Investitionsaufwand viel Sendezeit so füllen kann, dass die 15- bis 39jährigen sich eher ihr Handy abhacken lassen würden, als auch nur eine Folge zu verpassen. Wahrscheinlich ist mir nichts eingefallen, was erklären würde, warum ich am Ende des Traums irgendwo runtergefallen bin. Aber jetzt habe ich eine Idee.

Da nach der ersten „Big Brother"-Staffel jeder weitere Eingesperrte wusste, wie es danach mit *Playboy*-Fotos, „Ich-bin-ich"-

Interviews, CD und allem werden könnte, verhielten sie sich fortan wie Prostituierte in der Hamburger Herbertstraße, die an die Fensterscheibe klopfend ihre Dienste anbieten. Auf der anderen Seite der Scheibe ließ – wie bei jedem Überangebot – das Interesse an der laut klopfenden Vornamen-Bagage schnell nach. Unbeantwortet bleibt somit, wie echtes Leben ins Fernsehen gehievt werden kann. Hier mein Konzept: Die Sendung heißt „Pizzabringdienst" und läuft jeden Tag von 12:00 bis 15:00 und von 20:00 bis 24:00 Uhr. Drehorte: eine Küche, ein Auto und diverse Treppenhäuser. Anders als ein Endemol-Kameramann sieht ein Pizzabote Menschen in freier Wildbahn. Sie zeigen ihm ihr Gesicht, sie zeigen ihm, wer sie wirklich sind – und sie verstellen sich nicht. (Keiner der Essenbesteller wird eine Single aufnehmen, das verspreche ich hiermit.)

Wer sich etwas zu essen nach Hause bringen lässt, tut das nicht, weil es so gut schmeckt. Auch nicht, weil es besonders schnell geht, ja nicht mal verlässlich warm ist der gelieferte Pampf. Wählt man die auf einer vierfarbigen Postwurfsendung angegebene Telefonnummer, ist das eine Form des Notrufs. Man hat vergessen einzukaufen, es kommt plötzlich der große Hunger oder unerwarteter Besuch. Das Bier geht aus und man selbst nicht mehr gerade oder der Kiosk ist schon geschlossen. Man ist faul, einsam, verfressen oder, zumindest temporär, asozial.

Folge eins, Freitagabend: Die Aufzugtür in der vierten Etage eines Mehrfamilienhauses öffnet sich ruckelnd, der Bote tritt heraus, trägt eine Thermokiste, stützt sie auf dem angewinkelten Knie ab, nimmt die Rechnung in den Mund, um eine Hand freizuhaben für den Klingelknopf. Ein Mann mittleren Alters öffnet, Übergabe zweier Schinkenpizzen. Die Garderobe des Kunden würde ein Regisseur als zu klischiert ablehnen: Trainingsanzug mit großzügig bemessener Genitalbaumelzone, Plastiksandalen. Durch einen Bastvorhang hindurch sieht man im Wohnbereich eine Sekt trinkende Dame auf einem zum Fernseher ausgerichteten Zweiersofa. Im Fernsehen fragt Jauch gerade, ob der Kandidat sich sicher ist. Tür zu. Der nächste Kunde ist allein, hat die Haare mit viel Gel zu einer beeindruckenden Igelbürste geformt und steht hosenlos in Filzpantoffeln auf seiner türkisen Fußmatte, Bier und Pizza Capricciosa entgegenzunehmen. Kein Trinkgeld.

Die nächste Lieferung geht an einen Stammkunden, der Chili con Carne geordert hat, weil, wie er erzählt, seine Frau gerade durch Mexiko reist. Romantisch. Trinkgeld: 3 Mark 50, und ein ernst gemeintes „Bis morgen!" zum Abschied – hervorragender Cliffhanger. Zurück zur Basisstation zum Neubeladen. Die folgende Lieferfahrt bietet Gelegenheit, den Pizzaboten näher kennen zu lernen. Er erzählt, dass Frauen nie Bier bestellen, Männer immer Salamipizza, aber niemals Nachtisch, den wiederum Frauen herbeitelefonieren, oft als Gegenoffensive zum Salat, dem angeblich knackigen. Alkoholiker, die zur Großlieferung Bierdosen pro forma gerne noch eine Alibivorspeise bestellen, gäben entweder viel Trinkgeld oder überschätzen beim Bestellen ihre Barschaft – dann muss der Fahrer ein paar Dosen einbehalten und mit zurück zur Basisstation nehmen, wo gerade eine 26-cm-Durchmesser-Pizza mit Meeresfrüchtebelag angebrannt ist, die ofenöffnende Aushilfskraft schreit wütend – Werbepause. Nach der Werbepause bringt der Bote die unverkäufliche, aber noch essbare Pizza Marinara zu seiner Ehefrau, einer gut gelaunten Japanerin, die bestens als wiederkehrende Nebenfigur in die Serie integrierbar wäre, womit das Identifikationspotenzial des Hauptdarstellers erhöht würde. Der Bote fährt wieder los, drei Erstsemesterstudentinnen in einem Appartmentbunker teilen sich eine Jumbo Vegetaria, geben 50 Pfennig Trinkgeld, trinken Bacardicola aus ausgewaschenen Senfgläsern, hören schwärmerische Musik und erwarten noch einiges vom Wochenende. Auch die Studentinnen hatten keine Schuhe an. In den Real Life Soaps tragen die Protagonisten oft Schuhe, einer der elementaren Fehler! Zu Hause trägt niemand Schuhe in Deutschland. Erzählt der Bote jetzt auf der Nachtfahrt zum nächsten Besteller, berichtet außerdem, dass er Jazzkeller wie Bordelle beliefert, dass in seinem Zustellbereich sogar eine geschlossene Psychiatrie liegt, aus der ab und zu Bestellungen eingehen – die auch ausgeführt werden.

Schnitt.

Mittlerweile ist es nach 22:00 Uhr, der Türsummer des Hochhauses ist per Zeitschaltung deaktiviert, der Homosexuelle in schwarzem Samtanzug und lila-weiß-gestriften Schlappen singt „Ich koooooooomme" in die Gegensprechanlage, großes Gelächter im Hintergrund, er koooooooommt schließlich zu viert, alle jungen Herren in lila-weiß-gestriften Schlappen, großes Hallöchen, die als zu lang empfundene Wartezeit wird schnippisch kommentiert: „Bist du über Haaaaamburg gefahren, Süßer?", der Bote lacht, das Trinkgeld stimmt und weiter. Ein korpulenter *Zeit*-Abonnent mit Glatze steht erbost auf seinem Parkett, vielleicht unzufrieden, dass er Cola und Jumbopizza bestellt, vielleicht ist ihm auch ein Kaktus auf eine Thelonius Monk-LP gefallen, kein Augenkontakt, bloß weg. „Die Einsamkeit, jaja, neenee", sagt der Pizzabote und bringt Gratin, Lasagne und einen 500ml-Sahneeisbecher zu einer vergnügten Vorher-Bild-Frau, die vor, während und nach der Essensübergabe liebevoll mit ihrem Hund spricht.

In Folge zwei von „Pizzabringdienst" könnten die beiden letzten Besteller dieser Folge sich vielleicht kennen lernen und einander eine verliebt halbierte so genannte Partypizza in den endlich mal wieder geküssten Mund schieben. Die begleitende Olli Geißen-Show wird „Extra Käse" heißen. Diese Serie würde unser Land ethnologisch kartografieren. Hiermit überantworte ich dieses Konzept unentgeltlich den o. g. Herren, wenn sie mir versprechen, sich künftig aus meinen Träumen fernzuhalten.

Länderspiel

1 Ein Kongresshotel in Frankfurt, oder vielmehr, wie man so sagt, vor den Toren der Stadt. In der Lobby warten etwa 50 Journalisten, bauen ihre Kameras auf, proben den Ton, setzen das Licht, klappen ihre Laptops auf, rauchen natürlich, beißen krachend in ungewaschene, beim Concierge ausliegende Granny-Smith-Äpfel, lassen im Rudel auftretend jeden, und so auch diesen Ort innerhalb von Minuten wie ein Durchgangslager aussehen, riechen und klingen. Gebirge aus Taschen, Jacken, durchblätterten Zeitungen, dazwischen lauter Stative. Denn einem Gesetz nach haben Fernsehbeiträge über Konferenzen zwingend zu beginnen mit der Ankunft der später Konferierenden und zu enden mit deren Abgang – sonst würde der Zuschauer denken, die Gezeigten wohnen im Konferenzraum.

Ein großer Saal wird vom Hotelpersonal für eine Pressekonferenz des Deutschen Fußballbundes anlässlich eines Freundschaftsspiels gegen die ungarische Nationalmannschaft in Budapest vorbereitet. Die Stellwanddekoration auf dem Podium zeigt Bilder ruhmreicher deutscher Fußballmomente. Darunter die Sponsorenlogos.

Auftritt Gerhard Mayer-Vorfelder. Der Präsident des DFB und so genannte Delegationsleiter verlangsamt seinen Gang in Höhe des ersten Stativs, weicht den ihm entgegengereckten, mit Senderlogos bedruckten farbigen Schaumstoffploppschutzmikrophonbezügen nicht aus. Anders als der auf solche Zudringlichkeiten natürlicher, nämlich verklemmt bis fluchtartig reagierende Trainer Rudi Völler, der gerade noch duscht, nicht nur, weil morgens trainiert wurde, sondern besonders auch deshalb, weil Trainer und Spieler zu Presseterminen grundsätzlich mit halbnassen Haaren zu erscheinen haben.

Um Mayer-Vorfelder herum bildet sich eine Vorsitzenden aller Art das Atmen erst ermöglichende Blase aus Menschen, die etwas wollen, und anderen, die darauf achten, dass das Gewollte sich auch ja mit dem Gedurften deckt. Der Präsident nimmt – erschtmal ankummen, Zigggareddde rauouchn, ihr lieben Leude – Platz auf einem Ledersofa vor dem Eingang zum Konferenzraum.

Mit einem eiligst Kaffee herbeibringenden, in gebeugter Haltung seitlich verharrenden Herrn geht Mayer-Vorfelder die Liste der mit nach Ungarn fahrenden Nationalspieler durch: gebürtige Ossis ankreuzen. Endlich kommt Völler, es kann losgehen. Als der Präsident mahnt, man müsse so ein Spiel unbedingt ernscht nehmen, reibt er sich die Augen und sollte jetzt dringend einen weiteren Kaffee gebracht kriegen. Trotzdem gelingt es ihm, wenn schon die gegenwärtige Bedeutsamkeit strittig ist, so doch zumindest die historische umso deutlicher herauszuarbeiten: Das Weltmeisterschaftsfinale 1954 habe er, wird Mayer-Vorfelder nun wacher, bald pathetisch, als Student auf einem Schwarzweißfernseher in einer Wirtschaft verfolgt. Das könne man sich heute gar nicht mehr vorstellen, kann man aber dank Leo Kirch natürlich schon. Weiter: Ohne Ungarns Hilfe wäre die Mauer nicht oder später gefallen – und, Mayer-Vorfelder nimmt die zuvor durchgegangene Liste hervor, sieben Spieler aus dem heutigen Aufgebot wären dann nicht dabei. Rudi Völler sagt ein paar Wörter wie topfit und happy und betont, es handle sich bei diesem denkbar egalen Freundschaftsspiel um eine bedeutende Standortbestimmung.

2 Die Journalisten stehen mit ihrem Gepäck (Verhältnis Ausrüstung/Kleidung mit einem Soldatenrucksack vergleichbar) vor einem Condor-Schalter des Frankfurter Flughafens Schlange. Aufregung. Es sei, ist zu hören, im Training zu einer Auseinandersetzung zwischen den Nationalspielern Carsten Jancker und Jens Lehmann gekommen. Eine sehr gute Nachricht für die Journalisten bzw. überhaupt endlich eine Nachricht, da ja die Berichterstattung schon vor dem Spiel einzusetzen hat, die Pressekonferenz jedoch kaum etwas Berichtenswertes, Neues schon gar nicht, nicht mal die Aufstellung, ergeben hat, so ist es immer, nichts, außer zweier Mayer-Vorfelder-Bonmots zur aktuellen Diskussion um die samstägliche Fernsehberichterstattung (1. zu den versammelten, ihn fragenden Journalisten: „Das können Sie doch alles in den Zeitungen nachlesen." 2. „In Baden-Württemberg gab es auch mal eine große Debatte, als das Sandmännchen um 15 Minuten verlegt worden war, was daraufhin zurückgenommen werden musste."). Nun aber dies: Einen „schwulen Schnösel" habe der Jancker den Lehmann geschimpft, der mit „Gossenjunge" gekontert habe. Oder so ähnlich. Nein! Doch! Aber anders. Der eine hat gespuckt? Getreten? Wer? Was? Jeder weiß irgendwas, verschiedenste Versionen des Vorfalls geistern durch das Terminal, die Redaktionen werden angerufen oder melden sich selbst und fragen, was da los war, angeblich hat RTL alles gefilmt. „Der Carsten brennt", hat Völler abzuwiegeln versucht. Dann ist das Charter-Flugzeug, das Journalisten, Spieler und einen Verein namens „Freunde der Nationalmannschaft" gemeinsam nach Budapest befördert, einsteigebereit. Der Flugkapitän hat während seiner nicht kurzen Ansagen lästigerweise sehr, sehr gute Laune; der beste Witz während des Flugs aber kommt wie immer von den Stewardessen und heißt „Milder Hochlandkaffee aus Kolumbien".

3 Budapest. Das Quartier der Journalisten, ein komfortables Hotel direkt an der Donau, wird am Abend nach kurzem so genannten Sichfrischmachen sternförmig verlassen. Die Journalistenschar hat sich in vier Untergruppen diversifiziert, man kennt und mag oder hasst sich von zahlreichen ähnlichen gemeinsamen Ausflügen zuvor. Die Gruppenbildung erfolgt streng und schlüssig nach Arbeitgeber. Sie nennen einander: Die Boulevard-Jungs, Die Agenturen, Die Schönschreiber, Das Fernsehen. Zu den offiziellen Terminen dieser Reisen, also zu Pressekonferenzen, Training und Besichtigungen und schließlich dem Spiel werden sie gemeinsam mit einem Bus gebracht, sie teilen sich die kurze Zeit des Einblicks, bekommen dieselben Informationen, Zitate und Fotomotive – und bedingt durch extreme Unterschiede in Auftrag, Arbeitsweise, Eleganz und Talent ist dieses identische Ausgangsmaterial den Text-Ergebnissen hinterher kaum anzumerken. Der Abend endet mit einer teilweisen Vermischung der vier Lager an der Hotelbar bei Bier und hinterher verfluchten Griffen in die Salzgebäckschalen. Man erzählt einander, was man in der letzten Woche wieder mit Calmund am Telefon erlebt hat, dass er einem – ganz privat mal zwischendurch – empfohlen habe, Bayer-Aktien zu kaufen, die gingen im Herbst nämlich todsicher sowas von durch die Decke. Allgemeiner Aufbruch nach ausführlichen Erörterungen über Leben und Werk Waldemar Hartmanns (Unerreicht sein Minibarrechnungsrekord von 1000 Mark für drei Tage. Unfassbar seine Werbung für einen Wasserspenderhersteller mit dem Slogan „Der Waldemar, der Waldemar, der hat jetzt auch 'ne Aquabar"). Das lange Zusammensitzen der Journalisten ist weniger Alkoholismus als ein Nichtangriffspakt: So ist gewährleistet, dass nicht einer von ihnen noch heimlich lange Analysen und Kommentare verfasst. Wenn keiner was schreibt, ist auch nichts passiert, macht man sich keines Versäumnisses schuldig.

4 Pressekonferenz im Mannschaftshotel. Auf dem Podium heute Trainer Völler und die Spieler Kahn und Kehl. Auf der Brust wie auf den Taschen und dem Bus: der Mercedesstern. Nicht auszuschließen, dass der im Ausland mitunter für das Wappen der Nationalelf gehalten wird. Hinter dem Podium wieder die mit Fotos und Sponsorenlogos bedruckte Stellwand. Auch der letzte Mann der Nationalmannschaft hat verlässlich, dank Bandenbeschriftung sogar später im Stadion, noch etwas hinter sich stehen: Nutella.

Es wird nur kurz am Rand interessant, als Jancker auf dem Weg zum Speisesaal an den schon wieder wartenden, an den die ganze Reise, ach, das ganze Leben lang eigentlich ausschließlich wartenden Journalisten vorbei muss, und Überlegenheit auszustrahlen versucht, mit dem breitbeinigen Gang eines selbstgewissen Volltrottels. Falls sie eine wirklich gute Frage haben, zögern die Journalisten natürlich, diese während der Podiumsabspeisung vorzubringen und somit eventuell ja sogar eine gehaltvolle Antwort zu erhalten, diese aber damit auch den vielen Kollegen zu schenken. Also passen sie Oliver Kahn, Sebastian Kehl und Rudi Völler nach der Pressekonferenz ab, aber nur Kehl bleibt stehen, denn der ist noch nicht lange dabei. Und die, die keine gute Frage haben, haben ja wenigstens ein Mikrophon. Das Spiel sei eine total große Herausforderung, diktiert Kehl. Na ja, klar.

5 Zur gleichen Zeit im Restaurant „Monarchia", Empfang und Mittagessen für die offiziellen Vertreter beider Verbände. Der Ungarische Fußballverband feiert seinen hundertsten Geburtstag, und Egidius Braun ist auch da. Aperitif im Garten: goldbehängte Frauen, altgediente Männer. Dieter Hoeneß, Ottmar Walter, Franz Beckenbauer. Der kommt gerade von der Eröffnung der Schalke-Arena und ist sehr angetan: „Eine super Atmosphäre, aber heiß wie in Afrika." Der Oberkellner spricht Passanten auf dem Bürgersteig an: „Sind Sie Deutsche? Der Kaiser ist da, kommen Sie rein!" Vor dem Nachtisch lässt sich Beckenbauer geduldig von ehrfürchtigen Ungarn interviewen, die ihn bitten, sich neben ein an der Kaminzimmerwand hängendes Porträt von Kaiser Franz Josef I. zu stellen. Was ihm zu dem denn einfalle – und wie zu jedem Thema fällt Beckenbauer auch hierzu eine Menge ein. Eine ganze Menge. Plötzlich geht es um Benefiz-Golf-Turniere.

6 Népstadion, Training der deutschen Mannschaft. Dehnen, strecken, spielen, motiviert wirken, an Plastikflaschen nuckeln, mit Dr. Müller-Wohlfahrt den Oberschenkel abtasten. Heute dann mal nur auf den Rasen spucken. Einander nicht schwuler Schnösel nennen. Am Spielfeldrand macht Sepp Maier seine Witzchen, zieht

Leuten am Hemd, bayert sie voll. Verschenkt seine Handschuhe und setzt sich ausnahmsweise kein Markierungshütchen auf den Kopf. Ein ungarischer Journalist berichtet, die ganze Stadt sei voll mit Prostituierten, da am Sonntag der große Preis von Ungarn stattfinde. Eine Strecke, die seinem Ferrari und ihm, dem deutschen Rennfahrer Michael Schumacher selbst besonders liege, erklärte dieser tags zuvor einer Zeitung – der Hungaroring sei nämlich „wie Monaco ohne Häuser".

7 Ein Konferenzsaal im Journalistenquartier. Getränke, Kekse, Hotelnotizblöcke, keine Lust zu nichts, aber draußen ist es zu warm, also: alle da. Die drei Pressebeauftragten des DFB haben die Jour-

nalisten zu einem Austausch geladen, den sie Schnuppergespräch nennen. Es geht unter anderem um die Vor- und Nachteile der Verschickung von Unterlagen per Fax oder e-mail. Einerseits/andererseits/Bei uns zum Beispiel/Das hieße dann aber. Die Kekse sind ganz gut. „Schumi im Rudibett", steht in der Zeitung, und in der Fußgängerzone verkauft jemand für 7500 Forint rote Mützen, der nicht den Eindruck erweckt, er beteilige Willy Weber an seinem Umsatz.

8 Das „Schönschreiber" genannte Journalistengruppenviertel fährt auf der Margareteninsel mit einem Elektroauto im Kreis, guckt Frauen hinterher, pflügt Rosenbeete und rammt Langnese-Dreiräder, als sie der Anruf eines der Schnuppergesprächsleiter ereilt: Sepp Blatter gebe eine Pressekonferenz. Aus dem Viertel werden zwei Achtel. Beide erleben bis zum Spiel nichts.

9 Népstadion, vor dem Spiel. Die TV-Scheinwerfer ermöglichen es Dieter Kürten, den Sitz seiner Frisur zu überprüfen mit einem Blick auf die Glasscheibe, die das ZDF-Gesprächseckchen vom VIP-Buffet trennt. Er tut das viermal pro Minute, bessert mit den Fingern nach. Wolf Dieter Poschmann liest gelbe Karteikarten, lutscht Salmiakpastillen und räuspert sich, wendet sich dann an Kürten: „Dieter, wie viel Grad haben wir, 30?" Denn Sportreporter verpflichten sich bei ihrer Vereidigung dazu, ihre Moderationen aus anderen Ländern mit einer Begrüßung in der betreffenden Landessprache, zumindest aber mit einer Anmerkung zum Wetter zu beginnen. Ja, sagt Kürten, bestimmt 30 Grad, mehr sogar, aber in Deutschland sei es heute genauso warm, mindestens, also sei das keine so aufregende Mitteilung.

Noch zehn, Achtung, Ruhe und bitte! ruft der Regisseur.

In konzentrischen Kreisen laufen Kinder in verschiedenfarbigen

Trikots über das Spielfeld, ihnen folgen die Mannschaften, die Hymnen, das Spiel. Kurz vor der Halbzeit fliegt vom VIP-Balkon eine Orangensafttüte in die ZDF-Ecke, zerplatzt neben Kürten – Lederschuhe mit Fruchtfleisch. Klingt wie Condor-Nachtisch.

Vier zu eins führt die deutsche Mannschaft kurz vor Schluss, von der Pressetribüne aus dichten die beiden Reporter der *Bild*-Zeitung begeistert Jubel-Zeilen ins Telefon, im Kicker-Almanach haben sie nachgeschlagen, tatsächlich, der höchste Auswärtssieg seit soundsoviel Jahren, da fällt das 4:2, und sie müssen schnell in Hamburg anrufen und umdichten, da trifft Bierhoff zum 5:2, Endstand, hallo Hamburg, also doch. Aus, aus, das Spiel ist aus.

Vim Vomland, *Bild*-Reporter-Legende und Tyrann der Intimität, der Christoph Daum in Florida aufspürte und wegen Fotoverbots aquarellieren ließ und kürzlich per Titelzeile bangte, der „XXL-Manager" Reiner Calmund würde sich zu Tode fressen, Vim Vomland also nimmt ein Janosch-Brillenetui und steckt es ein, halt, sagt sein junger, zur Formel 1-Berichterstattung angereister *Bild*-Kollege, das ist meins. Pardon, sagt Vim Vomland, aber meine Frau hat dasselbe. Das gleiche, wird er naseweis korrigiert.

10 Die deutschen Journalisten stehen vor einem Stahltor und werden nicht in den Kabinentrakt vorgelassen. Hilflos zeigen sie einem nicht gesprächsbereiten Zweimeterfünfzigschrank ihre laminierten Zugangsberechtigungen, hier, Presse, los! Nö. „Wir wollen Hans Dietrich Genscher als Vermittler!", ruft jemand. Das wird hier nichts, Vim Vomland rennt voraus, die anderen hinterdrein, was soll's, untereinander verhalten sie sich während der Arbeit recht solidarisch, nur die vom Fernsehen, die immer im Weg stehen, die Sicht nehmen, die Antworten klauen und einem ihre Kameras ins Gesicht knallen und mit einer Selbstverständlichkeit auf anderer Leute Füße rumlatschen, als seien diese Teil des Fußbodens, werden angerempelt und ausgebremst, wo es geht. Nass geduschte Spielerköpfe sagen Sachen, verlässliche Zitatzapfsäulen wie Hoeneß und Mayer-Vorfelder stehen ebenfalls bereit, dann fährt der graue Bus ab, die Journalisten gehen zur Nachbesprechung an ihre Hotelbar, allein Vim Vomland muss noch ins Spielerhotel, Franz Beckenbauer zuhören, damit zwei Tage später die Kolumne „Franz schreibt in Bild" erscheinen kann.

11 Im Transferbus zum Flughafen, kurz nach Sonnenaufgang, hält es der Reiseleiter für eine gute Idee, ein paar mal pegelprüfend ins Busmikrophon zu pusten, um dann den übernächtigten Journalisten einige „die Eigenheiten der Ungarn aufs Korn nehmende Kurzgeschichten im Stil Ephraim Kishons" vorzulesen. Vielleicht, denken die Journalisten, vielleicht hat Lehmann Jancker auch provoziert. Der Reiseleiter überlebt schwer verletzt.

Ruhestand

Die Russen haben Manfred Krugs Fahrrad weggenommen, Onkel Walter, einst italienisches Findelkind, dann gewissenhafter Nazi, liegt verwundet unterm Krugschen Weihnachtsbaum und bekommt ein Buch mit Fotos nackter Frauen geschenkt. So weit, so schön. Manfred Krug sichert den Text mit dem Dateinamen „Schöne Kindheit", so wird der erste Band seiner Autobiographie heißen, jeden Abend schreibt er „ein Seitchen". Drumherum lebt er zurückgezogen und zufrieden mit Ehefrau Ottilie in einem Dachgeschoss in Berlin-Charlottenburg, das er nur noch selten verlässt, derzeit sowieso nicht, wer Krug besuchen möchte, bekommt die Begründung dafür per lakonischem Fax mitgeteilt: „Fahrstuhl kaputt. 5. Stock. Herzlich: Krug." Schon in dieser Kürze klingt sie an und leuchtet auf, diese vergnügte Skepsis, das kopfschüttelnde Freundlichschimpfen der von ihm in Sternstunden serieller Fernsehunterhaltung verkörperten Charaktere. Die Einladung ist formuliert wie eine

Ausladung, herzlich zurückhaltend geht es im Wesentlichen darum, in Ruhe gelassen zu werden. Andere Schauspieler lassen sich mit Wonne täglich beim Gemüseputzen oder Kinderkriegen fotografieren, Krug hat die Teilnahme an diesem Affentheater vor 20 Jahren aufgegeben, hat sich auf Singen, Spielen, Schreiben konzentriert, und hegt wohl begründetes Misstrauen gegen „die Presseheinis". Die Laune der Heinis bessert solch Insistieren auf Unabhängigkeit nicht gerade, und mit lärmigen Attacken versuchten sie immer wieder, den unbeugsam Eigenbrötelnden umzustimmen. Krug rächte sich souverän, indem er regelmäßig Witze über die *Bild*-Zeitung in seine Tatort-Texte einbaute.

Die Hauptbeschäftigung des Fastrentners ist es, ein paar Kilogramm abzunehmen. Hinterm Schreibtisch steht ein Hometrainer, überall in der Wohnung sind Erinnerungszettel mit der Aufschrift „FETT!" angebracht, vor allem in der Küche. In Unterhemd und Shorts wandert Krug umher zwischen Schreibtisch, Balkon und Küche, Halt! Fett!, also zurück an den Schreibtisch. Unten tobt Berlin, und Krug verlangsamt den eigenen Betrieb systematisch, summt, guckt, sinniert und flirtet mit Ottilie.

Der Erdbeerkuchen vor Manfred Krug hat eine überdurchschnittliche Tellerverweildauer, fast zwei Stunden lang bietet er Wespen eine attraktive Landemöglichkeit, jedoch nicht, weil Krug die selbstmaßregelnden Warnzettel zu ernst nimmt, „sondern weil ich grad vorher noch eine Riesenwurststulle hatte". Nun eine Zigarre, tennisbesockte Füße auf den Korbstuhl – und dann erzählt er Geschichten. So pointiert, charmant und unterhaltsam, dass man die Buchveröffentlichung gar nicht abwarten, sondern einfach nie wieder hinunter ins Erdgeschoss möchte, wo die presslufthämmernde, hysterische Hauptstadt und ihr blindwütig vorwärtspreschendes Personal die Atemluft minimieren. Oben bei Krugs ist es ruhig, „ab und zu fliege ich mit meinen Enkeln nach Afrika, dazu müssen wir das Sofa nicht verlassen, nur die Augen schließen". Die Wohnung ist durch eine Alarmanlage mit Wachdienstanschluss gut gesichert, anders als in der Fernsehwerbung hat Manfred Krug kein Telefon, nur ein Fax, aus dem hin und wieder das „Hallo? Hallo?" eines Störenfrieds bettelt. Krug steht daneben, grüßt amüsiert zurück, hallo!, drückt die Stoptaste und setzt sich wieder an den Computer. Den nutzt er lediglich als komfortable Schreibmaschine, Krug mailt nicht, surft nicht; am meisten Freude bereitet ihm die Wortsuchfunktion: „Onkel Julius" gibt er ein und kann den gerade erhaschten Erinnerungszipfel passgenau einweben, dann schlurft er zurück zur Erdbeerkuchenruine.

Wenn der Computer mal nicht will, kontaktiert Krug Felix, den „Sohn der Familie Möse, schöner Name, was?". So plaudert Krug. Seine Menschenliebe und -kenntnis kehren die Versehrtheit, das Krummnasige, Komischnamige eines jeden um in etwas Liebenswertes, ohne die Basistragik jeder Existenz zu verniedlichen.

Das deutsche Spießertum verkörpert Krug selbst dabei mit solcher Konsequenz, dass es ihm rein gar nichts anhaben kann: Unterm Korbstuhl steht ein kleiner Gartenzwerg, Besuch wird im Unterhemd empfangen, und doch bezweifelt man keine Sekunde, gerade einem der angenehmsten, elegantesten und klügsten Bundesbürger gegenüberzusitzen. Es ist nur so: Die Welt, sie kann Manfred Krug mal, das konnte sie im Übrigen immer schon, passend dazu, das erzählt Krug gern, kam er als „Steißlage" zur Welt, also mit dem Hintern zuerst. Mitmachen war ihm nie geheuer, er ist aus der DDR „abgehauen", ist aber auch dem Westen dann nicht auf den Leim gegangen.

In der Zeitung hat er gelesen, dass es derzeit modern ist, in Plattenbauten zu leben. Darüber muss er sehr lachen. Von seinem 5. Stock aus sieht alles ein bisschen lustig aus. Nicht lächerlich, bloß lustig. Seinetwegen müssen sie den Fahrstuhl nicht reparieren.

Gastronomie

Das letzte Krabbenbrötchen meines Lebens schmeckte vorzüglich. Ich aß es an einem Donnerstagabend an der nördlichsten Fischbude Deutschlands, also bei Gosch in List auf Sylt. Am nächsten morgen um 7:00 Uhr sollte mein dreitägiger Hospitanten-Dienst bei Gosch beginnen, ich war gerade angekommen, hatte ein schäbiges Lohnarbeiterzimmer in einer goschnahen Pension angemietet und wollte noch einmal auf der anderen Seite der Theke stehen, erstens aus Recherchegründen, zweitens hatte ich Hunger. Und drittens wusste ich noch nicht, was ich nun weiß.

In gekrümmter Fischbrötchenesshaltung ließ ich also die beim Brötchenbiss planmäßig aus den Brötchenseiten herausquellenden violettrosa Nordseekrabben und die schweinchenrosa Hummersauce zu Boden gehen, kaute hastig den süß-salzigen Brei, trank ein Bier, hörte Möwen und Syltvolk, Fett zischte, Gläser klirrten, die Sonne sank in die Nordsee, und ich erlag der Jeverreklamenromantik: Hafen, Kutter, Öljacken, Wind, kein anderes Bier, dazu Fisch im

Stehen. Natürlich glaubte ich, sie holen all den Fisch direkt hier aus dem Meer. Na gut, den Lachs wohl nicht, aber alles schmeckt so frisch, denkt man, bloß, weil der Verkaufsstand so meernah liegt. Man glaubt so was ja gerne, eine Tiefkühlpizza wird durch das Beiwort „Steinofen" in den Rang der Frischware gehoben, vom Klang her, und was im Restaurant mit Kreide auf einer Tafel angeboten wird, kommt in die engere Wahl des Gastes, weil es doch so frisch ist, denkt er, Angebot nach Marktlage eben, man glaubt ja auch, im Fernsehen singen sie live, wenn da bloß ein Mikrophon vor den Akteuren steht. Kein Zufall, dass man bei Playbackauftritten das zum Dargestellten Eingespielte „Musik aus der Konserve" nennt.

Ich bestellte noch ein Bier, stand mit den Urlaubern um den Bestelltresen herum, fand mit denen, es ginge alles viel zu langsam, da hinterm Tresen, obwohl wir doch sahen, wie hektisch die Menschen dort herumhüpften. Das dauert vielleicht, ja, meins, hier, danke, Besteck nehme ich mir selbst, stimmt so, wurde auch Zeit.

Am nächsten Morgen um 7:00 Uhr werde ich kurz durch das Sylter Zentrallager geführt, von dem aus die Gosch-Filialen der Insel beliefert werden. Man zeigt mir die in Tablettregalen auftauenden Shrimps, die sich gerade in einem unansehnlichen Zwischenstadium befinden, triefnasse graue Matschblöcke, daneben das eingebeutelte Krebsfleisch; dort dies, hier jenes – ich kann mir kaum was merken, bloß, dass das einst sehr teure Krebsfleisch immer billiger und beliebter, dafür aber die Shrimps bald unbezahlbar werden. Ich bekomme einen Goschkittel mit eingesticktem Logo-Hummer und eine rote Schürze, und es geht los.

An einem Hebelkorkenzieher stehend entkorkt jemand einige hundert Weinflaschen. Der Korken wird nicht vollständig gezogen, aber nach dieser Halböffnung können die Flaschen später von den Servierkräften per Hand geöffnet werden, das spart Zeit, denn an der Theke ist es wahnsinnig hektisch, erklärt mein Kollege.

Ich versuche, ihm zu helfen, seine Handgriffe zu imitieren, über Fehler den Vorgang zu verstehen, mir dann eigene Erleichterungstricks auszudenken, wie man eben Sachen lernt. Sie behandeln mich gut hier, jeder hat mal so blöd angefangen, wusste nichts, kannte nichts, machte Fehler; geduldig erklären sie einem die paar Handgriffe, bis man die beherrscht, ist die Arbeit halbwegs interessant, danach wird es stumpf, gut zum Nachdenken, sagt einer, er kommt aus Polen und hat dort Ärger mit seiner Freundin, deshalb sei der Job im Moment genau richtig für ihn, sagt er.

Jemand kommt herein und schreit, wir sollen leiser sein mit den Flaschen, wenigstens bis 8:00 Uhr, der Nachbar würde sich sonst beschweren. Er geht wieder raus, wir gucken uns an, haben zusammen Ärger gekriegt, sind also jetzt ein Team, lachen, heben die Augenbrauen, wiegen die Köpfe, machen weiter, ein bisschen leiser, kleben ein neues Bestellfax an die Kühlraumtür und arbeiten es ab. Das Entkorken geht mir inzwischen gut von der Hand, zack, zack, nächster Karton, ich renne zum Kühlraum, neue Kartons holen, als ungelernte Hilfskraft will ich wenigstens eifrig wirken, den Betrieb nicht übermäßig aufhalten, da fasst mein Kollege mich entschieden am Kittel: „Nicht rennen, bist du verrückt?" Wir gehen in den großen Raum, in dem Meeresgetier in allen Formen, für Grill, Topf oder Pfanne vorbereitet wird: aufgespießt, aufgetaut, gehobelt, paniert, eingeölt und so weiter. Wir trinken einen Kaffee, es riecht nach geseiften Fliesen und Fischblut, mir ist übel, ich bin schon ziemlich erledigt vom Weinöffnen, es ist noch nicht mal acht.

Als Nächstes zeigt mir der über die Liebe nachdenkende Pole, wie man Krebsfleisch in eine servierbare Form bringt: Je zwölf Plastikbeutel müssen aufgeschlitzt und in eine Kunststoffwanne mit Siebwänden geleert werden, dann wird eine Plastikplane, ein Müllbeutel wohl, darauf ausgebreitet, man stellt sich in die Wanne und stampft wie eine Weintreterin fröhlich auf dem mit Folie geschützten Gewürm herum, um das Transportwasser aus dem Fleisch zu treiben, dann geht es später am Grill schneller. Bei jedem Tritt quillt rötliche Flüssigkeit aus den durchlässigen Wannenwänden, die Wanne kippelt gehörig, man muss sich an der Shrimpspresse festhalten, sonst fliegt man ins Waschbecken. Zu zweit heben wir dann die Wanne mit dem ausgepressten Krebsfleisch hoch, schütten sie in einen anderen Trog, pulvern exakt 2,2 kg Würzmischung drauf und wühlen mit Gummihandschuhen darin herum, dass es sich untermischt, die dabei aufsteigenden Gewürzpulverwolken beißen in der Nase, ich muss Acht geben, nicht in die Kadaverwanne zu niesen, kann es unterdrücken und fülle dann, wie man es mir gezeigt hat, zweieinhalb Schaufeln des nun gewürzten Krebsfleisches in Plastiktüten, lege die in eine Vakuumpresse – und fertig. Später wird es jemand essen. Die nächsten zwölf Tüten.

Neben mir steht plötzlich einer ohne Schürze, das heißt wahrscheinlich: in gehobener Position, er guckt mir zu, ich werde nervös, ein paar Würmchen fliegen neben die Wanne, ich stelle schnell meinen Fuß daneben, damit er DIE WARE (so sagt man zu all den Lebensmitteln hier) auf dem Boden nicht sieht. Ich kenne die Regeln nicht, weiß nicht, was mehr Ärger nach sich zieht, fahrlässige Krebsfleischverschwendung oder unhygienische Weiterverwendung der auf den Boden gefallenen Ware, deshalb schiebe ich das Zeug mit dem Schuh ganz an die Wanne, greife es dann unauffällig beim Bücken nach einem weiteren Beutel und mische es unbemerkt unter. Während dieser heiklen Operation redet der Mann fortlaufend, fragt mich, ob ich wisse, was ich da bearbeite, jawohl, sage ich, Krebsfleisch, das war ja früher so teuer, wird nun immer billiger, dafür ziehen die Shrimps unheimlich an, die ja in Vietnam gezüchtet werden – er nickt anerkennend, sieh mal an, sagt er, da hat ja jemand Ahnung, ich lächele, er lächelt, die Kollegen denken wahrscheinlich, ich sei ein Arschloch, das Radio war aber laut genug, es ist halb neun.

Der schürzenlose Mann nimmt ein Stück gewürztes Krebsfleisch aus der Wanne und beißt rein, kaut, ich schlitze neue Beutel auf, wie herum hatte ich eben noch mal die Plastikplane aufgelegt, keine Ahnung, gut möglich, dass die eben mit den Schuhen betretene Seite nun auf dem Fleisch liegt, und zum Takt eines Radioliedes verlagere ich mit einer mir effizient erscheinenden Wipptechnik mein Gewicht auf dem toten Getier, rhythmisch quietscht verdünntes Blut aus den Wannenseiten, ich halte die Balance. Der Mann ohne Schürze sagt zu einem Kollegen, das Fleisch sei etwas überwürzt,

nicht unsere Schuld, doch werde im Herkunftsland ein wasserbindender Stoff beigemischt, um das Gewicht und damit den Erlös zu steigern, früher war es Phosphat, das sei nun verboten, aber die Lieferanten nähmen dann eben eine andere, noch nicht verbotene Substanz, und die in der gerade probierten Lieferung enthaltene sei offenbar so salzig, dass man etwas weniger Würzmischung als gewohnt verwenden solle. Der Kollege beißt ebenfalls in ein Krebsstück, nickt, und wirft das angebissene Tier zurück in die Wanne. Ich habe wieder eine Ladung fertig, nehme mir einen Kaffee, daneben liegt eine Schachtel Kekse, ich reiße sie auf, jemand am Herd ruft, das seien „Privatkekse", ich entschuldige mich, lege sie zurück, er sagt, nun sei es egal. Blamiert fliehe ich in den Personalraum und verschnaufe neben einem Gummibaum. Draußen Sylt, der Tag beginnt, sieht schön aus, mir egal, ich hab zu tun. Neben den Schließfächern stehen CD-Kartons, auf den CD-Hüllen ist ein Mann mit weißem Bart und weißem Gosch-Kittel abgebildet: „Jürgen Gosch, 'n Sylter Jung – Lieder aus der alten Bootshalle".

Auf dem Flur wird vorgesetzt geschrien, ich laufe hin, bei jedem lauten Ton fühle ich mich gemeint, hier bin ich. Ein weißer Gosch-Lieferwagen ist vorgefahren, ein dicker schwitzender Mann steigt aus, und redet vor sich hin, das einzige verständliche Wort ist „Scheiße". Das sagt er mehrmals pro Satz. Dabei deutet er mit seinen behaarten Armen auf mich, auf den Wagen, auf die Müllcontainer am gegenüberliegenden Straßenrand, Scheiße, also räumen wir den Wagen aus, Scheiße, Papier, Glas, Pappe, Speisereste, Scheiße, Wagen leer. Wir beladen ihn mit frischem Zeug, mit Wein, Krabben, Pfeffermakrelen, Bratheringen, Filets, Spießen, Soßen, Muscheln – der ganzen Scheiße halt. Damit geht es zu einer Filiale, Sylt fliegt an uns vorbei, der Blick vertunnelt sich, kennt nur noch das Ziel, Kampen verflüchtigt sich in unseren Augenwinkeln, das wunderschöne Kampen, wir heizen einfach durch, wir bringen den

Fisch, Kampen unterscheidet aus unserer Perspektive nichts von Schlumpfhausen, mit unserem Stundenlohn dürfen wir hier nicht mal aussteigen, Scheiße, am Zielort versperrrt ein Biertransporter die Zufahrt, doppelt Scheiße, wir tragen die Eimer und Kisten, die sind scheißeschwer, schneiden in die Hände. Eisessende Urlauber gucken uns interessiert zu, erwachsene Männer tragen metergroßes Gummigetier hinter ihren hochbezahlten Kindern her und geben sich für 14 Tage mal interessiert und zugewandt, wir bringen nur den Fisch, Scheiße, hallo, wir sind es, die gut gelaunten Jungs von Gosch, mit unseren Kitteln und DER WARE sind wir die Maskottchen des Syltgefühls.

Wo ist die Seezunge?, fragt uns der belieferte Koch, ja, die Seezunge, Scheiße, da irgendwo im Styroporsarg. Wir fahren zurück, da stehen neue Kisten und Eimer, die Scheiße geht von vorne los, außer Scheiße sagen wir nicht viel bei der Arbeit, nur als ich mich in den Feierabend verabschiede, informiert mein Kollege, es gebe einen Puff in Wenningstedt. Gefragt hatte ich nicht. Ich stinke nach Fisch, esse ein Hähnchen, nie wieder Fisch (Oskar Lafontaine wählt ja wahrscheinlich auch nicht mehr SPD, und Berti Vogts wird Rudi Völler nicht uneingeschränkt die Daumen drücken), und lege mich schlafen.

Am nächsten Tag werde ich im „Kundenbereich" eingesetzt, im Lister Hafen, abends wird dort ein Fest stattfinden, weil Herr Gosch, unser Chef, zum „Wirt des Jahres" gewählt worden ist. Von wem, kann mir keiner meiner Kollegen sagen. Ich kriege ein neues T-Shirt („Matjesfestival 1999" steht drauf), eine saubere Schürze und eine Plastikwanne, mit der ich dann durch die Bankreihen gehe und leeres Geschirr hineineinsammele. Die Essenden sind zumeist freundlich, sie nennen mich Junge, ich dienere, wenn sie ihre Teller einen Zentimeter hoch, mir entgegenheben, Danke, vielen Dank, ich mach das, lassen Sie nur. Die Wanne trage ich hinters Haus, zum

Kücheneingang, wo es eng ist und heiß und laut. Die Speisereste werden in den so genannten Schweineeimer ausgeleert, ein Blick in das mayonnäsige Gewühl, in dem Fisch, Salat und Brötchen eins werden – und man ist satt für Stunden.

Das dreckige Geschirr wird abgeduscht und auf ein Schiebegestell geordnet, in die Spülmaschine geschoben, nach ein paar Minuten erlischt das Kontrolllämpchen, man öffnet die Maschine, eine Dampfwolke nimmt einem den Atem, das Geschirr ist so heiß, dass es mir erst die Finger verbrennt und dann von selbst trocknet, man stapelt es, dann wird es nach vorne gebracht und wieder mit Essen behäuft. Kurz danach gehe ich es wieder einsammeln, kratze die Reste in den Schweineeimer und so weiter. Es gibt circa 30 verschiedene Gläser, alle müssen in verschiedene Regale, vorne schreien sie schon nach neuen Gläsern, aber nach welchen – ich gehe lieber wieder Geschirr einsammeln und mich Junge nennen lassen, beziehungsweise Hey. So nennt mich jetzt ein weißbärtiger Mann, HEY!, schreit er und meint mich, mich und zwei Kollegen, wir eilen dorthin, er sieht aus wie der Mann auf den CD-Hüllen im Personalraum, das muss Jürgen Gosch sein. Wir sollen mehr Bänke und Tische aufstellen, befiehlt der kluge Geschäftsmann, wir nicken, rennen zum Lieferwagen, holen aus einem Lager mehr Bänke und Tische, rasen zurück zum Hafen, wo ein anderer Befehlshaber, nicht Herr Gosch, uns zeigt, in welcher Anordnung Tische und Bänke auf dem Hafenplatz zu verteilen sind, wir stellen sie genau so auf, da kommt der Wirt des Jahres wieder angelaufen, ruft NEIN!, NEIN!, NEIN!, SO!, SO!, SO!, also machen wir es so, so, so, aber das ist natürlich auch wieder komplett verkehrt, wie können wir nur so begriffsstutzig sein, gleichmütig verinnerlichen wir die neuerliche, lautstark formulierte Anordnung, machen uns wieder an die Arbeit, auch wieder falsch, Himmelherrgott!

Meine beiden Kollegen sprechen kaum Deutsch, Jürgen Gosch inzwischen auch nicht mehr, es kommen nur noch cholerische Geräusche aus ihm heraus, er herrscht mich an, weil ich die Bänke nicht exakt parallel zur Transportertür auf den Boden lege, bevor ich sie weiterschleppe, sondern beiseite, damit die Kollegen nicht stolpern, wenn sie aus dem Auto steigen, mit weiteren Bänken in der Hand, Herr Gosch, Sie können sich drauf verlassen, sage ich, wir bringen Tische und Bänke genau dorthin, wo Sie sie haben wollen, selbstverständlich, aber hier haben wir jetzt unser System zum Ausladen entwickelt, so geht es am sichersten und schnellsten, bitte, das müssen sie uns zutrauen, wir tragen die Sachen ja auch weiter –

Weisst du was, Kerl? Du packst jetzt deine Sachen, jetzt, sofort, lass dich hier nie wieder blicken!

Aber Herr Gosch, hören Sie, ich meine doch nur –

Es reicht, zieh die Schürze aus!

Ich lege die zwei Bierbänke, die ich noch in den Händen trug, auf den Boden, und gucke in Herrn Goschs Gesicht, das inzwischen die Farbe eines heißgeräucherten Stremellaches angenommen hat: Er brüllt, spuckt, jagt mich quer über den Platz. Eine Unverschämtheit, krakeelt der Wirt des Jahres, zieh meine Sachen aus.

Am Kücheneingang bleiben wir stehen, ich ziehe die firmeneigene Schürze und das T-Shirt aus, (leg das ordentlich hin, da, du!), stehe halbnackt vor dem schreienden Wirt des Jahres, zwischen uns nur noch der Schweineeimer.

Ich laufe weg, laufe, so schnell ich kann, das Brüllen wird leiser, am Strand ziehe ich meine Schuhe aus, laufe barfuß im Sand weiter und entdecke im Sohlenprofil meiner Schuhe ein eingeklemmtes Stück Krebsfleisch. Salzig, viel zu salzig.

Bundesverdienstkreuz

Wenn statt einem selbst das Land darauf stolz ist, dass einer Deutscher ist, geht das in Ordnung und heißt Bundesverdienstkreuz. Diesmal ist Marius Müller Westernhagen fällig. „Wenn der das erhält, dann komm' ich", soll Gerhard Männerfreundschaft Schröder einmal gesagt haben, und das klingt sehr authentisch. Ortstermin im Hamburger Rathaus.

Vor der Preisverleihung noch schnell die Reiskasteiung: Ein gerade 30 Jahre alt gewordener Depp ist weniger für bisheriges Nichtheiraten zu bedauern als für seine sich so nennenden Freunde, die wie so viele Menschen beim trübtassigen Tradieren läppischer Rituale lachen, fotografieren und alles, alles übertreiben, damit es auch ja noch als huhu-ironisch durchgehen kann. Doch plötzlich wird die Reihenendhausnormalität jäh unterbrochen: Limousinen, Polizei, fremd gehaltene Regenschirme über Menschen mit deutlich mehr Eheerfahrung: Schröder-Köpf, Schröder-Kanzler (Träger des Großen Kreuzes), Becker-Boris (Träger des Silbernen Lorbeerblat-

tes), Flimm-Jürgen (Bundesverdienstkreuz-Träger 1. Klasse). Und schließlich der Preisträger selbst nebst Gattin. Die begleitenden Frauen stehen rum und filmen oder werfen ihre Haare durch die Luft, ihre Siegelringmänner tauschen Halsküsse.
MMW Hey, schöner Anzug.
BB Ich wollte in Jeans kommen, aber das passt irgendwie nicht.
MMW Bist du auch erkältet?
BB Nein, das ist jetzt neuerdings meine Stimme.
Schröder Doris? Kommst du mal?

Doris kommt. Und Hamburgs erster Bürgermeister, Ortwin Runde (Ehrenbürger von Valparaiso/Chile), die menschgewordene Hausratsversicherung, leider auch, der stört die Fotografen, indem er zwischen Schröder und Westernhagen steht, aber er muss ja gerade mal was sagen, wegen des Geehrten Lebensmittelpunkts Hamburch, bitte. Danke. Dann, die eigene Pellkartoffelrhetorik fast schon karikierend, Schröder als intimer Kenner des der Ehrung zugrunde liegenden Werkes:

Wie er weiß ich, wo ich herkomme und deshalb auch, wo ich hingehe/Platinplatten so sicher wie das viel gerühmte Amen in der Kirche/Wie die legendären Rolling Stones/Die Frau an seiner Seite, wie man so schön sacht/Lebensgefühl einer Generation/Und ich glaub', das stimmt/Die elegische Säuferballade „Johnny Walker", long time ago/Geradezu traumhafte Erfolchsschtorie/Aber das darf man sich nicht so einfach machen/Ergebnis harter Arbeit/Handwerkliches Können und Authenzität (sagt Schröder immer so, ohne ti: neue Wortmitte), Authenzität im Schtiehl.

Muss man wirklich sagen. Nun geht es um Gemeinsamkeiten – näch, das ist dir, lieber Marius, vielleicht auch nicht so bewusst – schwere Kindheit, tolle Mutter usw.

Der einst so genannte Brionikanzler kritisiert die Bezeichnung Armanirocker und immer so weiter. Die interessanteste Gemein-

samkeit dieser beiden Deutschlandleuchten indessen vergisst er zu erwähnen: Jörg Fauser hat 1985 über beide geschrieben: Im *Stern* anlässlich der Verfilmung seines Romans „Der Schneemann" mit Westernhagen als Hauptdarsteller, und in *lui* über Schröder im, wo sonst, Wahlkampf. „Im Nu hat Schröder den Saal im Griff", heißt es dort; schon damals hieß Schröder-Wahlkampf zuallererst: „Noch ein Pils an der Theke, letzte Überzeugungsarbeit." Schröders nicht gar so elegisches, Stefan Raab natürlich anzukreidendes Sauflied („Hol mir mal ne Flasche Bier/Sonst streik ich hier") ist so long noch nicht ago. Und Westernhagen ist immer noch der exzellente Schauspieler, der schon Fauser begeisterte – jetzt zum Beispiel blickt er täuschend echt gerührt, als Schröder gerade die misslungene, obendrein wenig schmeichelnde Analyse in den Plüschsaal hineinpressspricht, Westernhagens Spätwerk sei im Vergleich zu früheren Arbeiten „eher pragmatisch und noch intensiver". Wer sonst die Scorpions hört, darf so argumentieren. Apropos, moment of glory, aber nein: Herr Runde schon wieder: Ja, jetzt darf ich dann die Verleihungsurkunde – Äh, ja, gewiss.

Der etwas zu stark geschminkte Boris Becker steht mit Frau Kanzler am Spielfeldrand, den Kopf im Nacken, als wolle er gleich mit der Nationalhymne loslegen. Schöner wäre eine ältere Westernhagen-Komposition: Und es singt der Chor der Blöden/Der schon immer war zu laut.

Hallelujah! (So hieß die LP).

Denn nun lobt Schröder so überakzentuiert, als müsse er in Stuttgart VWs verkaufen, die zahlreichen Verdienste im Bereich Gratisbekenntnis des unerschrockenen Gerechtigkeitskämpfers Westernhagen. Sogar noch bedeutender als das wichtigwichtige mit ihm, Schröder, und Jürgen Flimm in einem Hotelkonferenzsaal am Tisch Sitzen und dort über Land, Leute und das ganze Zeug Kalendersprüche Austauschen, bis endlich der Fotograf kommt, war da offenbar Westernhagens Gruppenplakat mit Becker und Gottschalk. Schröder erinnert sich gern und gut an diesen Akt beispielloser Zivilcourage. Für den moralisch agitierten Endverbraucher war damals nicht ganz so klar ersichtlich, dass es ausnahmsweise mal nicht um Gummibärchen, die Post, das Internet oder Nutella ging – sondern um, so Schröder, „mehr Toleranz, Weltoffenheit und Menschenwürde in unserem Land".

Draußen ist es grau, ich sitz mit dir hier blau. Sonst streik ich hier. Es ist ein Kreuz. Sie haben es sich verdient.

Wahlkampf

Frau Diepgen hat einen Topfkuchen gebacken. Den nimmt ein Mitarbeiter, der den Regierenden Chef nennt, dankend mit in den Bus, den die Partei Ebi-Mobil nennt, und dann geht es zum 12. Wein- und Winzerfest in der Lichtenrader Bahnhofstraße, was man Wahlkampf nennt, und schon nach zwei Minuten Fahrt fragt der Mitarbeiter: „Stück Kuchen, Chef?" Das nennt man fürsorgliche Belagerung.

Der Chef mag aber zunächst keinen Kuchen. Er blättert ein wenig in einer hellblauen Mappe mit der Aufschrift „Reden". Dabei spricht er mit seinen Mitarbeitern, es ist kein intensives Gespräch, eher ein abhakendes Nuscheln, ein Informationsabgleich: Was die Zeitungen sagen (nicht viel, auf jeden Fall zu wenig über die gestrige Plakatpräsentation, „Nachrichtenunterdrückung", scherzt der Mann der Kuchenbäckerin), wie es mit dem Ebilosen Mobil morgens in Hohenschönhausen war (mäßig besucht, aber vor Ort waren alle sehr bemüht, allerdings fiel der Strom aus), was der Herr

Ebi selbst derweil im Heimatmuseum Marzahn erlebt und erfahren hat (die Mühle dort ist in Gebrauch) und welche Abenteuer dem Wahlkampfbus an seinem nächsten Parkplatz bevorstehen (nämliches Winzerfest, eventuell eine Bürgerinitiative). Natürlich auch, was man heute geschlossen der Hertha drückt – die Daumen, was sonst. Obgleich es aufgrund der Sonneneinstrahlung nicht gut riecht im Ebi-Mobil – der Nachteil einer Bordtoilette, wissen Caravan-Erfahrene –, ist die Stimmung ausgezeichnet. Der Bus war schon in diversen Bundesländern im Einsatz, im Wahlkampf und bei Messen, und nun also in Berlin, die Beschriftungsfolie lässt sich spurlos austauschen. Die Einrichtung würde ein Autoverkäufer als luxuriös bezeichnen, ein Autokäufer eher als funktional. Hinten gibt es eine Sitzecke, in der Mitte eine Mikrowelle, zur Bürgerinformation natürlich einen Bildschirm, der aus dem Fenster heraus Wahlspots abfeuert oder zum Internet-Gebrauch lädt. WWWahlkampf.de, wie gesagt. Weiter vorne befindet sich eine weitere Sitzecke, weil Caravankonstrukteure glauben, dass Reisende dauernd beieinandersitzen und die Knie aneinanderreiben wollen, denn eng ist es natürlich schon, nicht zuletzt wegen all der Sitzgruppen.

„Wieder einmal steht die Bahnhofsstraße unter Dampf", hat Diepgens Redenschreiber gedichtet. Die Reden-Mappe wird zugeklappt, das „Thema Dresdner Bahn" erörtert, die Sorge der Bürger um nicht ausreichenden Schallschutz zweier neuer, geplanter Fernbahngleise durch Lichtenrade, die eventuelle Präsenz der Initiative und deren mögliche Auswirkungen auf die Bürgerlaune. Von selbst nicht ansprechen, das Thema, allenfalls reagieren, sagt ein Berater. Gilt auch für die B 96 und den Flughafen. Aber keine Sorge, bei dem Wetter seien die Leute „innerhalb kürzester Zeit hackedicht", und außerdem sei der Zielort „sowieso Hochburg". Sich bloß nicht thematisch aufdrängen, um Himmels willen niemanden langweilen, einfach da sein und mitmachen, was immer auf dem Plan steht, draußen, wie es heißt, vor Ort, beim Wähler. Diepgen wechselt die Sitzgruppe und winkt nun vom Beifahrersitz aus Winkenden zurück, die angesichts des klobigen Gefährts freundlich „Diepgen" oder „CDU" rufen. Hochburg. Anstoß bei Hertha, Ankunft in der Bahnhofstraße, die Frisur sitzt.

Der Festordnungspunkt „15 Uhr Musik und gute Laune" wird abgearbeitet, eine Tiroler Musikzwangsläufigkeit frohsinnt nach Kräften, dann wird gegrußwortet, Wettergott hat mitgespielt, anders als im letzten Jahr. Einzelhandel zeigt Flagge, freuen wir uns, die Weinkönigin ist da und willkommen. Herr Regierender Bürgermeister Diepgen! Über der Bühne ist ein Schild mit der Aufschrift „feeling" angebracht. Auf der Bühne steht Eberhard Diepgen und dankt, grüßt, winkt, touchiert den Themenkomplex Dresdner Bahn effektiv mit einem nicht gerade kostenintensiven Müntefering-Witz, erinnert taktisch gewieft an all die vorangegangenen Feste, solches schmeichelt dem Publikum, das sich wie er (und sein Vorredner) natürlich auch erinnert, beispielsweise ans letzte Jahr, als es so geregnet hat, heute aber ja Sonnenschein, was an der Berliner Politik liegt, dies ist meine einzige Anmerkung zum 10. Oktober, das Fest ist hiermit eröffnet. Anstoß auch hier, Prost.

Vorbei an den Ständen „Frank's Baked Potates" oder „Original Winzersekt – der Schwips wird zum Erlebnis" durchquert Diepgen das Straßenfest. Wo ist dein Jackett, Ebi? Schultheisst ein wurstessender Hauptstadt-Randbezirks-Darsteller, woraufhin Diepgen augenzwinkernd die Schultern hebt – gen Himmel deutet – die Sonne. Schönen Tag noch, auch so. Weiter. Der Bezirksbürgermeister, mit Jackett, ist stolz wie ein Kind, das seinem Vater eine geglückte Klassenarbeit vorlegt, hier haben wir die Vertretung der Sächsischen Weinstraße, und dirigiert von einem Ausschank zum nächsten. Noch einen Probierschluck Rheinhessen, einen Spätburgunder, und, na gut, noch einen Pfälzer, aber nur einen Fingerbreit.

Den Rest könne er ja stehen lassen, wird ihm flehentlich ein weiteres Glas, ein Frankenwein, angereicht, gewiss, das aber täte ihm immer weh, bekennt der regierende Hertha-Fan, schließlich sei er in den 50er Jahren aufgewachsen.

Wahlkampf: Winter- und Bürgerhände schütteln, dies probieren, das angucken, fragen, wie die Geschäfte laufen, Servietten, Broschüren, Hertha-Trikots, einfach alles, was einem hingehalten wird signierend. Einzelgespräche so gestalten, dass einem hinterher, trotz Zeitknappheit, die Betragennote „zum Anfassen" zuerkannt wird, nachdenklich die Stirn runzeln und Problemernstnehm-Nachfragen stellen (Was haben Sie für einen Betrieb? In welchem Krankenhaus liegt sie denn? Haben Sie es schon mal bei der Kreisverwaltung versucht? Schmeckt's?), einen „Kosmetik-Gutschein für die Frau Gemahlin" dankend einstecken, einen Zigarillo vom Bezirksbürgermeister rauchen und die Weinkönigin küssen – da rufen alle Oho. Durchaus passend in dem Zusammenhang Diepgens wohl meinender Kopfhochrat an das frustrierte Personal des verwaisten „Reblaus in der Aue"-Stands: „Rangehen an die Leute!" Je bürgernäher es wird, fällt bei Diepgens Rangehen auf, desto berlinernder gerät seine Sprache. Man kennt derartiges umgebungsflexibles Verhalten aus Filmen von Heinz Sielmann.

Hertha liegt dramatisch zurück, meldet jemand, Diepgen guckt auf die Uhr und glaubt im Namen aller, dass noch nichts verloren sei. Dann wird es kurz inhaltlich: Am Stand der Bürgerinitiative gibt Diepgen bärtigen Männern Recht, die bedauern, vielleicht nicht polemisch genug zu sein, um alle Bürger zu mobilisieren, aber das sei einfach nicht ihr Stil. Völlig richtig, sagt Diepgen, Typen wie ich, die das auch mitentscheiden, klappen bei Polemik gleich das Visier runter. Christdemokratisches Bodenpersonal verteilt Kugelschreiber und anderen Tand (die „blau-weiß statt rot-grün"-Aufkleber werden zurückgehalten für das Benefizfußballspiel anderntags), Diepgen kontert einen „Wird schon schief gehen, Ebi"-Zuruf von „Käse Paul, Berlin" routiniert, na hoffentlich nicht, also schief, und Käse-Paul macht einen Momper-Witz; Hochburg, Heimspiel, Punktsieg in Lichtenrade – Debakel in Hamburg für Hertha. Da kann man verlieren, befindet Diepgen. Das findet die Weinkönigin auch. Zurück in seinem Mobil greift Herr Ebi wieder nach der Reden-Mappe und unterstreicht mit Filzstift die besonders wichtigen Wörter der nächsten Ansprachen. Kuchen jetzt: gerne.

Am nächsten Tag beim Benefizfußballspiel im Hertzberg-Stadion Neukölln wird Eberhard Diepgen in der zweiten Spielhälfte eingewechselt, mobil vom Kanzlerfest kommend, seine Mannschaft liegt 2:4 zurück, erreicht am Ende immerhin ein 5:5, und bei keinem Treffer stand er allzu weit entfernt, Diepgen rannte. Auf seinem Trikot wirbt eine Versicherung mit „Keine Bange", auf seinen Schuhen steht „Super Breitner" und auf der Tribüne für geladene Gäste Frau Diepgen, die winkend ruft: „Mensch, Ebi, kannst ruhig mal winken." In der nichtwinkenden Hand hält sie ein Kuchenpaket.

Homeshopping

Als alles nichts mehr nützte, die allein sinnstiftende Funktion des Konsums endgültig durch keinen Protest, keine Verzichtsbeschlüsse und keinen Appell mehr zu gefährden schien, da wurden die Einkaufskanäle erfunden. Seitdem gibt es wieder Hoffnung. Entweder die Menschen ersticken recht bald am Blödsinnkaufen – oder sie wachen auf und begreifen. Momentan helfen nicht mal gröbste Signale: Vor kurzem hielt Günter Winter, Moderator beim Einkaufskanal HOT, ein Schmuckseminar – und der angereiste Blindenverein war angetan, berichtet er stolz. Ob er demnächst einem Lahmen Turnschuhe und einem Tauben eine CD-Schatulle mit sieben Kilogramm Oldiesondermüll andrehen wird?

Zwei Stunden lang saß Winter gerade auf einem Sofa und hielt Teddybären und Puppen im Arm, streichelte sie und pries ihre Vorzüge. Mit dem feilgebotenen Tand auf dem Schoß füllte er souverän den Bildschirm, sprach sehr langsam, etwa dass er – PAUSE – nur zu gerne – PAUSE – mal bei der Produktion – PAUSE – so einer Puppe – PAUSE – zugegen, ja: wäre. Zugegen. Nur zu gerne. Zeitgerafft ein paar Sätze voran: schön für die Vitrine/ein bisschen Romantik/das Kind in uns allen/diese ach so hektische Zeit. Die Sprache eines HOT-Moderators ist der Kleidung von Dieter-Thomas Heck nachempfunden. „Champagnerfarbene Diamanten sind ja gerade sehr in" erfährt der Fernsehzuschauer, die Kamera zoomt auf lamettrige Accessoires, der Moderator wiederholt mit liturgischer Strenge die

Bestellnummer und den „Sensationspreis" – und nicht wenige Menschen sind so wahnsinnig und kaufen das Zeug per Telefon, der Lagerbestand wird eingeblendet und dann wird runtergezählt, der Moderator brabbelt, die Regie zoomt, bis schließlich „leider ausverkauft" vermeldet und der nächste Sperrmüll zum Nutzgegenstand erklärt wird. Ob Handcreme, Rohkostreibe oder Collier: alles wertvoll, wunderbar, limitiert, feinst, edel, exclusiv, handgemacht, phantastisch, unschlagbar, zauberhaft.

Im Hintergrund marzipanen Billiglohnlandessymphoniker und der Präsentator, der sogar beim MDR-Casting durchfiele, sitzt auf einem Sofa im Wohnzimmer-Ideal der Zielgruppe: pastellfarbene Auslegeware, Buchattrappen und Plastikblumen im Regal, Rauchglastisch, Kompaktanlage, eine Heimorgel (natürlich „mit Leuchttastensystem" und, klarlogo, ein „Sensationsschnäppchen") und als Sättigungsbeilage an der Wand eine Art gerahmte Ölkrise. Würde die Regie auf diese Tristesse nicht Bestell- und Telefonnummern, Landesfahnen und Bestandsstückzahlen stanzen, könnten Daily-Soap-Blödchen problemlos ihre stets zu groß geratenden Dramasätze in dieses Sperrholz rufen. Stattdessen bauen die HOT-Verkäufer ihre einzigartigen, hypnotisierenden Satzgebilde, die schon vor dem Richtfest einstürzen, und schwafeln frei assoziativ das Lager leer. Die einzige Regieanweisung ist ja: Ware in Kamera halten, danke. Nicht viel für eine Stunde, bewundernswert und mit jeder Sendeminute abstruser die Poesie der Moderatoren.

Außerhalb des Sichtbereichs der Kamera werden die Produkte für die nächsten zwei Stunden bereitgelegt – Zimmerspringbrunnen, vielmehr „Sammlerbrunnen", denn „ich habe schon zwei und überlege, wo ich den dritten hinstelle", wird der Moderator sagen und dabei nicht mal rot werden. Aber erst muss Günter noch die Puppen ausverkaufen, er ist selbst auch großer, großer Sammler und hat seine eigene von zu Hause mitgebracht – und die ist 120 Jahre alt. Im

Regieraum wird laut gelacht – 120 Jahre, sehr gut, wirklich. Günter dreht den Puppenkopf und lobt dabei die Möglichkeit, den Puppenkopf zu drehen. So geht das zehn Minuten. Vielleicht schauen, Quatsch, hören ja Blinde zu. Und man kann den Kopf wirklich drehen. Bestellen Sie jetzt.

Aber Günter ist kein Betrüger. Er sammelt privat wirklich Puppen, sein 120-Jahre-Exemplar stellt er, als die Kameras auf den Sammlerbrunnenverkäufer umgeschwenkt haben, vorsichtig in einen Leinenbeutel und erzählt, wie er vom Diätberater im Lehrkrankenhaus zum Puppenverkäufer wurde. Nämlich aus Leidenschaft: Hobby zum Beruf gemacht, bei Quelle hochgearbeitet, voll hinter der Ware stehen, sehr gerne lesen (spannend muss es sein), selbst sein größter Kritiker sein, immer Lampenfieber haben, Leben als Herausforderung sehen, Privates einbringen in die Sendung, nicht nur fachlich, auch menschlich überzeugen, sich in die Kunden hineinversetzen. Überzeugungsarbeitend blinzelt er durch seine in Form und Farben etwa drei Epochen zuviel berücksichtigende Tanzlehrerbrille – zum Beispiel Steine! Steine? Ja, Steine, seit seinem 13. Lebensjahr fasziniere ihn der Peridot-Stein. Der –? Ein Allroundstein! Wie der Schwarzwald im Frühling ist der! Derart weichgeredet möchte man Günter am Ende selbst bestellen.

Vielleicht könnte man mit ihm mehr anfangen als mit dem singenden Gummifisch, dessen zweite Hauptfunktion der Moderator nun vorführt: Man kann das Ding auch ausschalten. Er legt den Schalter um – doch der Fisch singt weiter, wackelt dazu mit dem Kopf. Vielleicht lacht er uns auch aus. Und erst wenn der letzte „limitierte Schmuck-Bär" der Sammlung beigefügt, die allerletzte „Künstler-Puppe mit Nackenstempel" per Nachnahme verschickt wurde, werden die Menschen feststellen, dass man sein Geld auch gleich aus dem Fenster werfen kann. Allerdings nicht aus dem des HOT-Vorführwohnzimmers – das ist unecht.

KULISSE II 109

Mietverhältnis

„Guten Tag, mein Name ist Salm, ich habe dieses Haus gekauft." Der alte Mann in Filzpantoffeln steht im Türrahmen seiner Mietwohnung, guckt durch eine panzerglasdicke, horngefasste Kassenbrille fragend in das für die Jahreszeit untypisch gesund gebräunte Gesicht der Frau aus offensichtlich gutem Haus/hochwertiger Immobilie und sagt nur: „Ach?"
„Salm", sagt die hübsche Frau und streckt dem Mann ihre maniküre Hand entgegen, „Salm – wie der Fisch". Der Mann lässt ihre Hand ungeschüttelt in der Luft hängen und sagt: „Soso." Ein Werbespot des Mieterschutzbundes könnte so beginnen.
Christiane zu Salm hat einige Häuser in Berlin-Mitte gekauft, und bevor die renoviert werden (zum Wohle der Mieter!), müssen sie, nach maklerischem Genozid klingt das, entmietet werden. In Salms rotem Marlboro-Nylonbeutel liegen hunderte Schlüssel begraben, für all ihre neuen Wohnungen, Briefkästen, Keller und Hinterhöfe. Bisher passte keiner – es sind ja auch drei Häuser, da kann man ja stundenlang probieren. Kann sie aber natürlich nicht, sie will nach der Besichtigung noch in einer Galerie ihre Popstarfotosammlung erweitern und danach, natürlich: Termine, Termine, Termine.
Der alte Mann ist sehr misstrauisch, aber nicht auf eine von Eduard Zimmermann aufgehetzte Art, eher durch Erfahrung gelang-

weilt; da komme ja jede Woche ein neuer Besitzer, erzählt er lakonisch. Zuletzt ein Bulgare, davor ein Pole, berichtet er weiter und lacht. Auch Salm lacht, jaja, der Bulgare. „Wir wollen das hier alles ganz schön machen", verspricht Frau Salm. „Jaja", sagt der Mann, das wolle er mal sehen. Seit 70 Jahren wohnt er hier. Frau Salm sieht aus wie Ende 20, spricht von Fahrstühlen und Balkonen, er vom Denkmalschutz; sie von einer Zentralheizung, er vom Kohlenschleppen. Was er mit einem Balkon solle, fragt er, wenn es doch durchs Dach regne. „Das Dach wollen wir auch neu machen", beteuert Frau Salm. „Natürlich", pariert er und schüttelt den Kopf. Sie spricht sehr laut und herzlich; er: leise und abwehrend. Die Spielchen kennt er, Hausbesitzer und Mieter sind natürliche Feinde, warum sollten die einander etwas schenken? Er hat in diesem Haus zwei Diktaturen miterlebt, obendrein Helmut Kohl, noch immer kann man Einschusslöcher in der Außenwand bestaunen, seit Monaten ist das Haus eingerüstet, ohne dass eine einzige Bauarbeit verrichtet worden wäre – was soll er da eine neue Besitzerin fürchten, warum sollte er ihr irgendetwas glauben. Gegen jede Außeneinwirkung resistent wirkt der Mann in dem dunklen, zugigen Altbauflur. „Wir machen uns das hier ganz, ganz schön", garnt Frau Salm. „Werden wir ja sehen", sagt der Mann und will die Tür schon schließen. „Halt!", stoppt ihn Frau Salm. Wie der Fisch, denkt er. Ob sie sich mal seine (eigentlich ja ihre) Wohnung ansehen dürfe, fragt sie den Mann, einnehmend lächelnd. „Das geht an und für sich gar nicht", sagt er, „die Frau (er meint seine) liegt, und –". „Ach, das tut mir Leid, danke Ihnen sehr, alles gute für Ihre Frau", freundlicht Salm zurück und kramt in ihrer Schlüsseltasche. Hinter dem Mann schleicht seine recht gesund wirkende Frau durch den Flur.

Keiner der Schlüssel passt, auch in die leer stehenden Wohnungen kommt die neue Besitzerin nicht hinein, der alte Mann, der viele Jahre als Hausmeister im Haus tätig war, besitzt noch mehr Schlüssel als Salm und ist schließlich doch behilflich. Mit den Schlüsseln hat er die Macht, und wenn das geklärt ist, lässt er mit sich reden, viel mehr redet dann er. Sie habe sich gleich in dieses Haus mit all dem Charme, all den Winkeln verliebt, hatte Salm versucht, den Mann zu becircen, während der unbeeindruckt mit seinen Filzpantoffeln einige Dreckbrocken in eine Dielenritze schob. Verliebt! Er ist mit diesem Haus verheiratet, also, was soll der Quatsch.

Doch als er merkt, dass Salms Interesse nicht geheuchelt ist („Glauben Sie mir ruhig, ich will hier schließlich selbst einziehen!"), wird er zugewandter und erzählt zu jeder Etage circa neun Geschichten. Wer hier alles gewohnt hat, welcher Vermieter der dreisteste war, was alles fehlt, wie das Parkett zu retten sei, dass sein Vertrag ihm Trockenbodenbenutzung garantiere, wie viele Tonnen Kohle er benötige und dass Katharina Witt das Haus gegenüber gekauft habe und einen Fahrstuhl nur für sich habe bauen lassen, der bei einem ihrer Mieter sogar durchs Schlafzimmer geht. Unterm Dach wohnt ein Mann mit Schnauzbart, der wirklich Detlev heißt und die adelige Hausbesitzerin gerne hineinlässt, ihr sogar sein Schlafzimmer zeigt. Überm Bett hängt ein Gewehr. „Dann können Sie uns beschützen", sagt Salm semiperplex. „Ist doch nur 'n Luftgewehr", sagt Detlev und lacht. Salm lacht sowieso. Alle lachen. Dann wird der alte Mann wieder ernst: fünf Millionen muss man hier reinstecken, weiß er. Sogar noch mehr sollen es werden, verspricht Salm. Ein Werbespot des Mieterschutzbundes könnte so enden.

Jaja, denkt der Mann. Naja, denkt Salm und sagt: „Ja, dann!" Jetzt hat sie ihn so weit, dass er ihr sogar seine eigene Wohnung zeigen würde, aber nun geht sie erstmal Bilder kaufen. Und den Anwalt anrufen, fragen, wie es mit der Entmietung vorangeht. Im Hausflur warnt ein Aushang die Bewohner vor zu erwartendem Baulärm. Vom „Schadenserwartungsbereich" ist dort die Rede. Das Leben ist eine Baustelle – und wann noch mal Wüstenrot-Tag?

Die Wache

Freitag, kurz vor 18:00 Uhr: Der grün-weiße Fuji Film-Zeppelin schwebt werbend über dem Berliner Tiergarten. In der Direktion 3 der Berliner Polizei wird mit zunehmender Hektik in Funkgeräte gesprochen, die Flugaufsicht kontaktiert, das gut verteilte Großaufgebot informiert. In wenigen Minuten beginnt das öffentliche Rekruten-Gelöbnis am Bendlerblock, gleich werden Paul Spiegel, Klaus Wowereit und Rudolf Scharping an den geometrisch akurat postierten Uniformierten entlangmarschieren, die Militärkapelle wird ernst dreinblickend ihren Dienst tun. Das Areal ist weitläufig gesperrt, die Kontrollen sind streng, die Sonne scheint, die Menschen blinzeln – wer zum Teufel aber steuert einen Reklame-Zeppelin durch diesen Bereich, in dem für die Dauer des Gelöbnisses ausdrücklich Flugverbot verhängt wurde? Terroristen? Reporter? G8-Demonstranten mit schlechtem Orientierungssinn? Die Gewinner eines Love-Parade-Preisausschreibens? Auch die abwegigste potenzielle Störquelle muss genau überprüft werden, denn im Vorfeld war die Polizei vage vor „phantasievollen Gegenaktionen" gewarnt worden. Doch zunächst Entwarnung, das Luftschiff möchte keinen Ärger, bloß Werbung machen, was zweifelsohne gelungen ist, bis in den Polizeifunk haben sie es geschafft. Nun beginnt Paul Spiegel seine Ansprache.

Im Großraumbüro der Direktion 3 verfolgen die Beamten die TV-Übertragung des Gelöbnisses, kontrollieren parallel auf einem Monitor die Übersichtsaufnahmen des polizeilichen Bildfunks. Bislang kaum nennenswerte Vorkommnisse. Auf der dafür vorgesehenen dreibeinigen Tafel sind erst zwei Festnahmen mit Filzstift notiert: einmal wegen Vermummung, einmal wegen der T-Shirt-Beschriftung „Stauffenberg = Völkermörder". In einem Nebenraum ist die Verkehrsleitzentrale eingerichtet, ein Mitarbeiter der Berliner Verkehrs Gesellschaft sitzt brötchenessend mit den Polizisten vor einem Funkgerät und koordiniert die sperrungsbedingten Umleitungen der öffentlichen Verkehrsmittel.

Unter den 530 Rekruten befindet sich heute keine, bemerkt der Fernsehkommentator, und verirrt sich dann etwas in seinen Ausführungen – der Grund für die Frauenlosigkeit liege darin, dass seines Wissens diese Rekruten über 178 cm groß zu sein hätten und keinerlei Gesichtsbehaarung vorweisen dürften. Pause. Dann fällt ihm ein, dass manche Frauen über 178 groß sind und trotzdem keine Bärte tragen. Scharping schüttelt Hände, Augen sollen bitteschön geradeaus gerichtet, Gewehre hochgehoben und gesenkt werden. Ein Mikrophon von Georg Gaffrons Durchhaltesender 100,6 angelt Scharpingworte, der SFB-Kommentator kommt weiter beflissen seiner undankbaren Aufgabe nach, diese nicht gerade erklärbedürftigen Bilder zu vertonen: Wahrscheinlich werde Scharping nun sagen, was an dieser Stelle zu sagen sei, mutmaßt er. Ja, denkt der Zuschauer, nämlich im Grunde nichts, beziehungsweise werde der Verteidigungsminister, so lautdenkt der Kommentator erstaunlich konkret, die Soldaten nun fragen, wie es ihnen gehe und woher sie kämen. Im Großraumbüro wird kurz gelacht, dann weiter Dienst getan.

Die etwa 200 Demonstranten werden nun lauter. Zwar ist das Mitführen nautischer Hörner ihnen ausdrücklich untersagt worden, doch der Lärm ist auch ohne beträchtlich. Als lärmschürend erweist sich, dass in unmittelbarer Nähe der Absperrung schon einen Tag vor der Love Parade ein geschäftstüchtiger Trillerpfeifenhändler den schriftlich genehmigten Verkauf begonnen hat, damit kommt seine Ware also doch noch bei einer politischen Demonstration, als die die Love Parade ja neuerdings laut Gerichtsentscheid nicht mehr gilt, zum Einsatz. Die Nationalhymne erklingt, Wowereit erweist sich als textsicher, einige Demonstranten, meldet der Funk unbeeindruckt „entblößen ihr Hinterteil in Richtung des Gelöbnisses".

„18:36 – Ende des feierlichen Gelöbnisses", tippt der Polizist in seinen Verlaufsbericht, da wird es in den Funkgeräten noch einmal laut, der Bildfunk zeigt Tumult am Gitterzaun: Eine Frau kettet sich fest, eine andere hantiert mit einer Sirene, sie werden von Polizisten umringt, Fotografen werden abgedrängt. Später ist zu erfahren, dass diese Demonstrantinnen tatsächlich ausgesprochen phantasievoll vorgegangen waren: In einer Limousine hatten sie sich auf das Gelände chauffieren lassen und sich an den Kontrollen als Töchter des Verteidigungsministers ausgegeben, als Kontrolleur muss man wirklich gut aufpassen, wer weiß, was als nächstes kommt, vielleicht ein Kleinbus mit der Interessenvertretung „Exfrauen des Bundeskanzlers" an Bord, hier, unweit des Ortes, an dem Hape Kerkeling vor Jahren verkleidet als Königin Beatrix Absperrungen passieren konnte.

Der polizeiliche Bildfunk, intern „taktisches Fernsehen" genannt, zoomt gerade auf einen rumpelstielzchenartig die Sirene der angeblichen Scharpingtochter zertretenden Beamten, als die sukzessive Auflösung der Demonstration abrupt stoppt, sich die Demonstranten noch einmal versammeln, um dann gemeinsam in neuer Richtung loszuprotestieren: Inzwischen ist nämlich der Tod eines Demonstranten in Genua verbreitet und eine spontane Demonstration vor der italienischen Botschaft beschlossen worden. Da sich jedoch die italienische Repräsentanz in Berlin derzeit im Umbau befindet, ist die

15.25 Uhr	ca. 25 Personen am Antreteplatz, darunter Personen der DKP und AIM
15.45 Uhr	ca. 30 Personen am Antreteplatz
15.50 Uhr	ca. 100 Personen am Antreteplatz, ein Transparent, 3 x 1,50m, mit dem themenbezogenen Inhalt: „Erkämpft Euer Recht auf Frieden. Bundeswehr raus aus den Schulen, Unis und Öffentlichkeit. Stoppt Militarisierung"
16.10 – 16.12 Uhr	Beginn der Versammlung mit einem Redebeitrag
16.14 Uhr	Aufzug setzt sich mit ca. 250 Teilnehmern in Bewegung
17.36 Uhr	Aufzug erreicht mit ca. 480 Teilnehmer den Endplatz
18.04 Uhr	Beginn des Abstroms in Richtung Potsdamer Straße, Kurfürstenstraße, Kräfte begleiten
18.12 Uhr	Noch 300 Teilnehmer am Endplatz, geringer Abstrom

1.4 Feierliches Gelöbnis der Bundeswehr

11.20 Uhr	Beseitigen eines Plakates an Hauswand Schöneberger Ufer / Kluckstraße mit dem Inhalt: „Ich gelobe feierlich zu sterben"
12.50 Uhr	ca. 470 Gäste in der Julius-Leber-Kaserne
15.20 Uhr	Abfahrt der Kolonne 2
15.25 Uhr	Abfahrt der Kolonne 1
15.42 Uhr	Abfahrt der Kolonne 3

	durch EHu RP
12.00 Uhr	**1 FE**, männl., Verstoß BtmG, Straße des 17. Juni, durch EHu RP
	2 FE, männl., Verstoß BtmG, Widerstand, Stresemannstraße 121, durch Dir 5 VB FAO
12.21 Uhr	**2 FE**, männl., Kleiner Stern / Straße des 17. Juni, Verstoß BtmG, durch EHu RP
12.30 Uhr	ca. 300.000 Besucher im Veranstaltungsraum, weiterer Zustrom
12.35 Uhr	**1 FE**, männl., Räuberische Erpressung mit Messer, Altonaer Str., durch 2. BPA
12.50 Uhr	**2 FE**, männl., Verstoß BtmG, Entlastungsstraße, durch Dhf
12.58 Uhr	**1 FE**, männ., Straße des 17. Juni, Haftbefehl, DirHu 1
13.00 Uhr	**1 FE**, männl., Gefährliche Körperverletzung, Otto-Suhr-Allee, durch 11. EHu
13.25 Uhr	**1 FE**, männl., Verstoß BtmG, südl. Park Tiergarten, durch Dir 5 VB FAO
13.30 Uhr	**2 FE**, männl., Verstoß BtmG, Handel, südl. Park Tiergarten, durch Dir 4 VB FAO
13.20 Uhr	Raver aus dem Bereich Alexanderplatz strömen selbständig in den Veranstaltungsraum
13.30 Uhr	ca. 400.000 Besucher im Veranstaltungsraum, weiterer Zustrom
13.40 Uhr	**2 FE**, männl., Verstoß BtmG, Handel, Ahornallee, durch Dir 6 VB FAO
	3 FE, männl., Verstoß BtmG, Erwerb, Ahornallee, durch Dir 6 VB FAO
14.00 Uhr	Beginn der Parade mit ca. 500.000 Besuchern im Veranstaltungsraum, Paradewagen in Bewegung, weiterer Zustrom
	1. FE, männl., Raub, Großer Stern, durch 24. EHu

Ortsangabe „italienische Botschaft" doppeldeutig; gemeint sein kann sowohl die zwar offizielle, aber eben geschlossene Vertretung nahe des Tiergartens als auch die vorübergehende in Kreuzberg. Dieser Umstand irritiert Demonstranten und Polizei gleichermaßen, und so ist die Anzahl vor dem Botschaftsgebäude friedlich Demonstrierender schließlich äußerst überschaubar. Die Uneinigkeit über die Richtung und die universelle Demonstrationsbereitschaft zeigen prächtig die im Symbolhaften dümpelnde Ratlosigkeit der anlassflexiblen Gegner. Es würde nicht weiter auffallen, wenn jemand sein außerhäusiges Abendessen als mampfende Sitzblockade von Pizzeriastühlen aus Protest gegen den G8-Gipfel deklarierte. Ein schöner Nebenaspekt ist, dass Joschka Fischer häufig bei einem Italiener in der Berliner Tucholskystrasse gesehen wird. Ja, Tucholsky.

Samstag, kurz nach 19:00 Uhr:

Im Fußball würde man es eine englische Woche nennen, in der Direktion 3 der Berliner Polizei nennt man es Wochenenddienst mit Suppe: Eine Kollegin von der Kriminalpolizei hat den Beamten einen großen Topf gutgewürzter Echttomatensuppe vorbeigebracht und empfiehlt, den Teller mit einem Esslöffelplumps Crème fraîche und zwei, drei frisch von der beigestellten Pflanze zu rupfenden Basilikumblättern zu verfeinern. Auf den Monitoren sieht man heute tanzende Menschen, unzählbar, aber schätzbar doch: circa 800.000 seien es, entgegen den zuvor deutlich zurückhaltenderen Prognosen. Die Festnahmestatistik auf der dreibeinigen Tafel muss alle paar Minuten aktualisiert werden, knapp 100 Personen umfasst die Auflistung am Abend – klischeegemäß überwiegen die Verstöße gegen das Betäubungsmittelgesetz. Die Polizisten tragen Paradensympathie bekundende Buttons, löffeln Suppe und halten Kontakt zu den Kollegen draußen im rhythmisierten Gewühl. Ein Helikopter liefert die bewegten Bilder. Verbietet das Gesetz eigentlich individualisierte Aufnahmen bis zum Moment eines Straftatsverdachts, was am Vortag auch weitestgehend eingehalten worden war, so führt heute jemand Regie, der diese Maßgabe eher leger befolgt – das taktische Fernsehen zeigt immer wieder Großaufnahmen von, wahrscheinlich ist das der Grund, halbnackten Damen (und auch ein paar Männern). Auch weil es leider noch kein Gesetz gibt, dass berichterstattenden Zwangswitzlern bei Androhung hoher Strafen untersagt, das Wowereitsche Diktum, dass das so auch gut sei, in jeden zweiten Nebensatz einzubauen, ist die Anzahl polizeilicher Eingriffe in Relation zur Menschenmenge ausgesprochen gering. Was jede These zur Parade bestätigt: Es geht um nichts, um alles, um den Frieden, um Musik, um Bass, Spass – irgendwass.

Dass ein freundlicher, braungebrannter Abgesandter des Veranstalters PlanetCom in der Polizeidirektion sitzt, Suppe isst und ab und zu in ein Funkgerät spricht, mit den Beamten also bestens kooperiert, ist bei einer solchen Veranstaltungsgrößenordnung selbstverständlich sinnvoll. Demonstrationspuristen jedoch könnten darin auch einen weiteren Beweis für ihre Argumentation finden, es handle sich bei der Love Parade um alles Mögliche, bloß gewiss nicht um eine relevante politische Demonstration, die nämlich dürfe nicht entlang den Maßgaben der Polizei durchgeführt werden. Stattdessen vielleicht phantasievoll. Ja, auch solch Argumentation ist vorstellbar, wurde doch schließlich jede Stimme angehört und ernst genommen, und dass es bei diesem zähen Gestreit um letztlich nichts weiter als die Übernahme von Müllbeseitigungskosten ging, hatte vorab zu einer berlinweiten Paradenermüdung geführt – Veranstalter wie Gegner erschienen kleinlich, noch vor Beginn hoffte man, das ganze werde bitte möglichst schnell vorbei sein. Und dann war es, obwohl die Ortskennungen der Teilnehmernummernschilder von Jahr zu Jahr dreistelliger werden, trotz alledem ein ziemlich angenehmes Fest mit immer wieder wunderbarer Musik. Auch in der Direktion 3 wippten Füße.

Ein Beamter hat über seinem Schreibtisch die ein Jahr alte Panik-Schlagzeile der *BZ* angebracht: „Loveparade, Kampfhunde, Staatsgäste – Berliner Polizei bricht zusammen." Das tat sie am Wochenende schon wieder nicht, trotz Mehrfachbelastung: Am Samstagnachmittag hatten G8-Demonstranten das mitten im Getümmel liegende ZDF-Hauptstadtstudio besetzt. Nun aber will es Abend werden und es spricht der Technosloganist Dr. hc Motte von der Siegessäule herunter, derweil der Polizeifunk in schönstem Berlinisch eine „Klopperei beem Präsidjalamt" meldet, und dass die Besetzung inzwischen vorüber sei und die Demonstranten „Hausfriedensbruch anna Backe" hätten.

Die Kriminalpolizistin mit dem ausgezeichneten Suppenrezept kommt begeistert von einem Helikopterrundflug zurück („Bei der Hanfparade fliege ich gar nicht mehr mit, aber Love Parade, das sieht schon immer toll aus"), die ersten Paradenwagen beginnen mit der geordneten Rückfahrt.

Der PlanetCom-Kontaktmann wird kurz mit dem Funkspruch hereingelegt, Dr. Motte sei beim Drogenhandel erwischt worden, er wird wie erhofft blass, dann lachen alle, er auch, und es wird Nacht. Das Basilikumbäumchen in der Präsidiumsküche ist mittlerweile komplett entblättert, die Spülmaschine summt. Klingt etwas basslastig.

Boulevardjournalismus

Als Franz Josef Wagner einmal zwischen lauter postkartenschreibenden Touristen in Amerika saß, schickte er kurzerhand eine Postkarte an sich selbst. Lieber Franz Josef, schrieb er, mal sehen ob du gesund zurückkommst. Ist er dann, zumindest genauso wie er losgefahren war. Also irre, genial, cholerisch, sensibel, brutal – so die Charakteradjektive, die man mit ihm assoziiert, wenn man einige Geschichten über ihn und einige Texte von ihm gehört und gelesen hat. Seine Karriere begann, wie die der meisten Boulevardbeißer alten Schlags, als Polizeireporter bei *Bild*. Harte Schule, Kerle und Stories. Jawoll. Ernst Jünger brauchte das ja damals nicht, der hatte den Ersten Weltkrieg. Wagner ging zur *Bunten*.

Später senkte er in vorübergehend leitender Funktion die Auflage des Berliner Pittbullblattes *BZ*, und um ihm keine allzu hohe Abfindung zahlen zu müssen, tarnte der Springer-Konzern Wagners Amtsenthebung als Beförderung, und seither ist Wagner Inhaber des Fantasiepostens „Chefkolumnist". Als solcher schreibt er nun fünfmal pro Woche in *Bild* einen vierzigzeiligen, pathosbeladenen Brief an zum Beispiel Gerhard Schröder, Prinz Charles, Michael Schumacher, gesuchte Verbrecher oder Paul Mc Cartney, an ungeborene Kinder oder gleich an Mama („Liebe Mama"), und, wenn es gar nicht anders geht: „Lieber Gott".

Thematisch kreisen die Briefe um Elementares, unter Tod, Leben, Liebe, Verrat, Ehre oder Geld tritt Wagner weder an noch nach.

Die Adressaten werden geduzt („Ich weiß, dass du kein Mistkerl bist"), angebaggert („Sie gefallen mir sehr, Frau Schröder", bzw. „Sloterdijk, Sie sind mein Held") oder discountpoetisch veralbert („First Lady mit dem wehenden Haar" = Christine Rau). Mitgefühl wird zuteil, wem es wie Wagner geht (Hans Eichel = „Bruder der Bandscheibe"), und die für einen Businessclassdeppen arttypischen privaten Begegnungen werden ohne Skrupel ausgeschlachtet. So erfährt der Leser, wie Sabine Christiansen („Sie sind ein Vollweib") sich beim Friseur verhält, Franziska van Almsick im Restaurant und Kardinal Lehmann im Flugzeug. Perfid an der Artikelform Brief ist die vorgetäuschte Vertrautheit, die Wagner dann mit jedem Wort seiner anmaßenden Suaden genussvoll zertrümmert. Wäre seine Einmischung und Anteilnahme wahrhaftig, könnte er den Brief ja in die Post geben, Wagner aber gibt ihn in Druck – und statt eines Menschen lesen diese moralischen Erektionen dann 11 Millionen. Auf diese Weise wird der wehrlose Adressat vereinnahmt, als suche er Wagners Rat, wird als „lieber" angeredet (wenn er kein Mörder ist) und zum Schluss „herzlichst" gegrüßt. Dazwischen erklärt Wagner unter Berücksichtigung von Bergpredigt, Einstein, da Vinci, Mozart, Goethe und was halt sonst so gerade passt, mal rasch die Lage der Dinge.

Seine Briefrubrik heißt „Post von Wagner", seine ergänzende Kolumne in der *Welt am Sonntag* noch zwingender „Wagners Welt": „Aus Vietnam habe ich auch in der Ich-Form geschrieben." Sich in etwas hineinversetzen heißt bei Wagner: umrechnen auf ICH. Thema egal, Meinung, Einschätzung und Gleichnis hat er stets parat, denn: „Der Vogel fliegt nicht meinetwegen am Fenster vorbei, sondern weil er aus Afrika zurückkommt, aber für mich persönlich heißt das: der Frühling ist da. Darum geht es. Und wenn es regnet, geschieht es mir persönlich."

Entscheidend also ist stets: Was bedeutet das nun wieder, und zwar konkret! Für mich! Franz! Josef! Wagner! Und was sagt Gott dazu? Falls der was sagt, wird er es Wagner flüstern, der im Besitz von Gotts Durchwahl zu sein scheint, so überzeugt dauerstrapaziert er „Gnade", „Verdammtsein", „Himmel" und all das. Im Journalismus müsse man eigentlich nur eins beachten, sagt Wagner, und das seien die Zehn Gebote. Ja eben, sagen die, die mal mit ihm zusammenarbeiten mussten. Seit er nicht mehr in einer Redaktion, sondern von zu Hause aus arbeitet, attestiert er sich selbst „ein Schrei-Defizit".

In der guten alten Schreizeit begab es sich einmal, dass Franziska van Almsick bei der Schwimm-WM baden ging. Wagner erinnerte sich daran, wie er sie kurz zuvor im Restaurant beim Dessertverzehr beobachtet und schließlich „angebrüllt habe, sie soll aufhören zu fressen". Seine im höchsten Maße ehrkränkende *BZ*-Schlagzeile („Franziska van Speck – als Molch holt man kein Gold") habe, er scheint sich das wirklich zu glauben, nur ihr als Athletin gegolten – kein persönlicher Angriff, nein, nein. „Über Menschen zu schreiben ist, wie das Leben, ein schmutziges Geschäft", definiert Wagner gewohnt großspurig. Mag sein, kommt auf das betreffende Leben an.

Franz Josef Wagner lebt, natürlich, allein. Danach gefragt, was denn, wenn nicht eine Postkarte von sich selbst, in seinem Briefkasten so landet, bekennt er hustend: „Rechnungen". Um das Klischee des raubeinigen Großstadtcowboys vollends zu erfüllen, spricht er, nach seinen Vermögensverhältnissen gefragt, von „Beute". Seine Bücher sind vergriffen, man bekommt sie, raunt er, „nur noch in Gefängnisbüchereien". Dann lacht er, und das klingt als ob in einer Innenhofschlucht ein Wertstoffeimer umfällt.

Als die Kellnerin in seinem Stammcafé auch den dritten Bestellwunsch ignoriert hat, gibt Wagner schließlich Nachhilfe: „Sie müssen laut sein." Er bellt nach Beachtung, kurz darauf wird der Espresso serviert, und man versteht, warum Wagner schreibt, wie er schreibt (wie er schreit). Das Schlimmste, sagt er, „wäre für mich, wenn ich stumm bleiben müsste, also nicht mehr schreiben dürfte".

Auch nach fünf Gläsern Wein kann er noch schreiben, sagt er, (dann erst, sagen ehemalige Untertanen), raucht dabei und versucht freundlich zu gucken – mit dem Gesicht eine komplizierte Angelegenheit. Das Porträtfoto über Wagners Artikeln sieht furchterregend aus. Wagner nickt, er hört das öfter, „aber denken Sie andererseits an Täterfotos – was für sanfte Züge der Zurwehme etwa hat". Äh – ja.

Wagners Mobiltelefon klingelt. Ein alter Freund ist dran, dessen Vorname mit y endet oder mit ie, wie so Cowboykumpelnamen eben enden. Sie verabreden sich für den Abend. Ob er die Zitate gegenlesen könne, fragt Wagner zum Abschied. Nö.

Wenn ein Mensch in Deutschland das Recht auf faire journalistische Behandlung verwirkt hat, dann du, lieber FJW. Ganz herzlich, wirklich.

EIN TAG MIT KARL IGNAZ HENNETMAIR

Deutschunterricht

„Firsat bu ‚firsat'." Die beim Bäcker in Berlin-Neukölln ausliegenden Werbezettel der Firma BlueTel schwärmen in türkischer Sprache von günstigen Tarifen und Geräten. Anzeichen für Ghettobildung oder einfach nur zielgruppengerecht, Streuverluste minimierend geworben?
Ein paar Meter und Kebabbuden weiter, in der Volkshochschule: Den Anfängerkurs „Schnackseln für Bleichgesichter" von und mit Fickkniggeautorin und Gastdozentin von Thurn und Taxis sucht man ebenso vergeblich auf dem Raumplan wie Thomas Freitags Kabarettveteranentreffen „Döner Wohnen – Das Brot ist voll". Die Innenminister der SPD-regierten Länder beraten andernorts gerade über die Einführung von Pflichtdeutschkursen für so genannte Zuwanderer – und hier, in der Volkshochschule Neukölln, lernen einige Ausländer bereits Deutsch, und zwar freiwillig. Ist erlaubt. Es

gibt in der VHS Neukölln diverse Kursangebote speziell für Frauen, angegliedert ist eine Kinderbetreuung. Wenn die Kinder Pech haben, kommt das „Phantasmobil" vorbei, eine Künstler-ABM der Stadt, und sie werden pädagogisch wertvoll betanzt und beclownt. An anderen Tagen ist es angenehmer zu warten, bis die Mutter mit dem Deutschkurs fertig ist: Nette Frauen kümmern sich, man kann malen, spielen, schreien, sich ein bisschen hauen, dann vertragen – und zwischendurch in die Hose scheißen. Im Grunde dasselbe also wie eine zünftige Innenministerkonferenz.

Im dritten Stock der VHS ist der Grundkurs 1 heute, am dritten Kurstag, noch intensiv mit dem deutschen Alphabet beschäftigt. Die Kursteilnehmer buchstabieren schüchtern ihre Namen, und Frau Krause vorn an der Tafel malt mit dem Edding Leitkulturbausteine. „A, B, C, D, E – bitte lernen!" Sie wendet sich wieder zur Klasse und dreht mit der Hand an ihrem rechten Ohr eine unsichtbare Kurbel. Lernen! Danach werden Personalpronomen probiert und alle müssen lachen über die schön gezeichneten Deutschgesichter im Lehrbuch. Wir, ihr, sie – der Pluraldreier macht wohl auch die tagenden Innenminister gerade grübeln: Gibt es eine Möglichkeit, Fürstin Gloria auszuweisen? Und außerdem: Wie gewöhnt man sie aneinander, die Deutschen und die bereits hier lebenden und die zuwandernden Ausländer? Und wie viele Ohrfeigen werden künftig verhängt für diese alle Integrationsversuche obsolet machende Formulierung „hier lebende Ausländer"? Klingt doch darin die Herrenmenschen-Maßgabe mit, es mögen die Ausländer bitte welche bleiben, indem sie sich „wie Gäste benehmen" – und nicht etwa so, wie die Deutschen auf Mallorca.

In der Pause treffen sich die Lehrerinnen am Kopierer, rauchen und vervielfältigen Übungszettel. Die Schülerinnen, zwischen 17 und 35 Jahre alt, gucken nach ihren Kindern oder plaudern miteinander, und zwar endlich wieder schnell und lachend – also in ihrer

In der Schule musste ich immer still sitzen.

Mit 18 Jahren durfte ich meinen Verlobten nach Hause bringen.

95.01

Muttersprache. Am Rande von Fortbildungsseminaren für die Leiter der Kurse „Deutsch als Fremdsprache" werden diese stets auch in einer ihnen fremden Sprache unterrichtet, um diese Perspektive immer im Bewusstsein zu behalten. Hinterher können sie dann zum Beispiel auf Chinesisch gerade mal sagen, wie sie heißen, und fragen, wo der Bahnhof ist, den sie ansonsten verstehen. Ein guter Trick gegen Überheblichkeit von Fragestellern und Lösungsbesitzern. Vielleicht sollte RTL künftig Günter Jauch ausgleichend gerecht hin und wieder beim Mediziner-Test filmen.

Volkshochschulleiter Leopold Bongarts sitzt unter einem interkulturellen Kalender, da er den Unterricht ja an den Feiertagen sämtlicher Religionen vorbeiplanen muss, und erzählt von Männern, die ihren Frauen verbieten, allzu gut Deutsch zu lernen, und von der bestandenen Prüfung des Gemüsehändlers, der selbstverständlich „nebenan" Gemüse verkauft, denn Gemüsehändler haben ihre Stände ja grundsätzlich direkt nebenan, nie hört man von einem weit entfernt wohnenden Gemüsehändler. Weiter bitte, Herr Bongarts, Entschuldigung: Ja, der „inzwischen fließend falsch sprechende" Freund – „Hauptsache, er repariert mein Motorrad richtig, haha". Schnell wird Bongarts wieder ernst und fordert freundlich seine Assistentin, eine Türkin, auf: „Unterbrechen Sie mich, wenn ich Quatsch rede!" Sie lacht und unterbricht ihn nicht, jedoch nicht aus Schüchternheit, sondern weil er offenbar keinen Quatsch redet, nur durch jahrzehntelange Berufspraxis geerdeten Realismus auftischt zum ausgesprochen schlechten deutschen Volkshochschulthermoskannenfilterkaffee.

Im Grundkurs 2, ein Stockwerk über Bongarts Büro, wird schon recht flüssig und zusammenhängend geredet:

„Durftet Ihr Euern ersten Mann mit nach Hause bringen, also vor der Hochzeit?", fragt die Lehrerin.

„Nein!"

„Nein, natürlich nicht."
„Ja, als wir verlobt waren."
„Was wolltest Du mit 12 Jahren von Beruf werden?"
„Polizistin oder Krankenschwester."
„Und mit 18?"
„Nichts mehr."

Es wäre nicht verkehrt, ihren Männern neben der Sprache mal das eine oder andere beizubringen. Dann ist der Unterricht zu Ende, die Kinder warten. Und die Männer. Haben Hunger und so weiter. „Das ist die Gelegenheit" – steht ja auch auf dem BlueTel-Zettel.

Egal, ob die Frauen bis zum Grundkurs 3 durchhalten oder dieser Unterricht irgendwann Pflichtveranstaltung wird, eines ist sicher: Mann spricht Deutsch.

Hofberichterstattung

Rudolf Scharping war im Zustand äußerster Flugbereitschaft, als er mit zu Flügeln gebreiteten Armen über die sonnige Wiese auf Gräfin Pilati zulief. Ja, es ist Liebe, wussten da die Leser der *Bild am Sonntag*, für die das Foto aufgenommen worden war. Nicht dass irgendjemand „das Glück" bezweifelt hätte, aber nun wusste man es genau, und als *Bunte* kurz darauf die Mallorca-Badefotos druckte, wusste man es noch genauer. Inzwischen weiß man sogar, wie Exfrau Jutta Scharping über die Bilder denkt, wiederum in *Bunte* war das zu lesen, und ihre Bildinterpretation „Rotes Hemd mit weißer Hose gefällt mir nicht. Badehose hätte er sich auch nicht antun sollen" kann man als indirekten Aufruf zur Nacktstrecke in *Playgirl* verstehen. Und so genau wollte man es dann doch nicht wissen.

Seit jeher nutzen Politiker ihre Sommerferien nicht dazu, sich vom Volk und das von ihnen zu erholen, nein, in den Sommerferien sind sie den ganzen Tag damit beschäftigt, Bilder von sich „als Menschen" zu produzieren. Wir sehen sie auf dem Fahrrad, auf der Alm, am Strand, auf dem Wochenmarkt, gern auch am Gipfelkreuz mit Rucksack – und am liebsten überall mit Familie. Das ist nichts Neues. Zwischendurch wird eine Fabrik besucht und der Politiker-Mensch redet mit den Volk-Menschen. Auch normal. Der Sommer 2001 brachte viele neue Versionen dieser alten Motive: Hans Eichel lag in den Dünen, Schönbohm stand in Usbekistan mit jungen Menschen herum, Müntefering wanderte für Unicef, Angela Merkel besuchte die Zentrale des Internet-Buchhandels amazon, Gerhard Schröder zerteilte in ostdeutschen Universitäten Pfirsiche mit Wasserskalpellen und in ostdeutschen Steinmetzbetrieben eben Steine. Was halt so anliegt. Der Politiker soll Urlaub machen, aber keine Ferien, denkt er. Er muss neben dem ganzen Menschsein unbedingt jeden Tag auch „eine Stunde konzentriert Akten studieren", sich zumindest dabei fotografieren lassen, denn sonst gibt es eine Inflation, denkt der Poltiker, dass der Zeitungsleser es denkt. Und wenn Julian Nida-Rühmelin sich zu einem vernünftigen Erholungsurlaub aufmacht, bellt ihn die *Bild*-Zeitung an, und Schröder muss im Regenwald anrufen, ihn „zurückpfeifen". Wegen der Akten. So war das im Sommer.

Dann ging Scharping zu Wasser. In derselben *Bunte*-Ausgabe badete zwar auch Rezzo Schlauch („Er kommt vom Dorf. *Bunte* hat er es gezeigt."), aber ohne Frau und ohne Amt ist es egal, da ist es einfach nur lächerlich. Ganz anders bei Scharping, der die ganze Aufregung natürlich nicht verstand – es handle sich doch um eine Privatangelegenheit. Nur fand die eben in der Zeitung statt. Aber Scharping hat auch Fürsprecher: Pur-Sänger Hartmut Engler („Ich finde das prima"), einige Soldaten (die die Bilder laut Scharping tatsächlich als „einfach erfrischend" empfanden), *Bild*-Postbote Franz Josef Wagner („Lieber Rudolf Scharping") und, ebenfalls in *Bild*, „die bekannte Münchner Diplom-Psychologin Karin Maria Mensch", deren Nachname natürlich erfreut und die ihn dem gerecht werdend in Schutz nimmt bzw. vollends entmündigt: „In seinem Körper wird das Glückshormon Serotonin freigesetzt." Scharping war arglos wie viele vor ihm auf die Versuchsanordnungsvorschläge des von PR-Spezialist Moritz Hunziger als „genialen Menschenverführer" bezeichneten *Bunte*-Autoren Paul Sahner eingegangen, der einige Wochen zuvor auch mit Martin Walser im Bodensee gebadet hatte. Mit Michel Piccoli war er im Bordell, mit Peter Alexander angeln, mit Johannes B. Kerner joggen und mit dem Dalai Lama pilgern. Scharping hätte gewarnt sein müssen, ist aber jetzt bloß beleidigt und bezeichnet in seinem neuesten Sahner-Interview die Reaktionen auf die Fotostrecke als „hysterisches Jagdfieber", und die Bildunterzeile eines weiteren Fotos mit Gräfin rückt alle bösartigen Unterstellungen zurecht: „arbeitet auch im Urlaub". Die Steilvorlage, die Scharping der Opposition gab, musste diese natürlich auskosten, und nur die wenigsten vom Jagdfieber Gepackten blamieren sich dabei so offensichtlich wie Guido Westerwelle, der selbstverständlich in vorderster Reihe mit geübt schaler, RTL2-tauglicher Flachwitzhärte tadelte, Scharping, hoho, gehe baden, während doch die Bundeswehr, Achtung: Gag!, schwimme; dumm nur, dass man ihn, Westerwelle, am selben Tag, Arm in Arm mit Marie Luise Marjahn über ein Fest walzend abgebildet sah und er die Leser von *Bunte* und *Gala* im Sommer auch nicht gerade knapp gehalten hatte mit Fotos, die ihn beim „Faulenzen, Segeln, Mountainbiken und Beach-Volleyball mit Freunden" zeigten.

Es hilft nichts, das Ganze muss zur „Chefsache" erklärt werden, Fraktionsdisziplin sollte im Yellow-Press-Entzug geübt werden. Gerhard Schröder, der natürlich Modestrecken von Trittin oder Schäuble und auch Scharpings „ausgelassene Wasserspiele" (*Bunte*) erst möglich gemacht hat, zeigte am Wochenende beim Kanzlerfest, wie man zwar fototauglich ein intaktes Privatleben in der Öffentlichkeit präsentieren, dabei aber trotzdem noch zurechnungsfähig wirken kann: Mit ruhiger Hand um die Schultern seiner Ehefrau stand er da, die beiden schunkelten, während Udo Lindenberg sang, Schröder-Köpf rief „Udo, Udo", und nach der Darbietung nahm jener Udo – Udo dann Frau Schröder-Köpf in den Arm und Schröder eilte dazu und tat lachend für die Kameras so, als müsse er die beiden gewaltsam trennen, dann regnete es Feuerwerksfunken auf die Bühne, alle guckten in den Himmel und nach der letzten Rakete sagte Schröder zu seiner Frau, laut genug für die bettelnden Mikrophone ringsherum: „Das haben die doch doll gemacht." Schon kam RTL-Exclusiv-Tröte Frauke Ludowig herbeigeeilt und Schröder sagte, Lindenberg sei sein Lieblingssänger, woraufhin ihn Ludowig bat, doch mal ein Lied anzustimmen, Schröder sich aber weigerte, denn er singe nur in der Badewanne, dort allerdings ganz gerne, und seine Frau ergänzte, dass es besser so sei, andernfalls drohe eine Regierungskrise, und da musste Ludowig sehr lachen, ihr Kameramann konnte auf Stop drücken und Schröder endlich den Arm von den schmalen Schultern seiner Frau abziehen. Einige Meter weiter flammte wieder ein Scheinwerfer auf, der Kanzlerarm senkte sich wieder auf den Kanzlergattinnenrücken und weiter gings: Die Mädchenband No Angels musste mit dem Kanzler gemeinsam gefilmt werden, „Na los!", rief Schröder, „macht hin, ich kann nicht so lang den Bauch einziehen", Gelächter, und Schröder-Köpf unterfütterte das Rumgestehe mit dem Bericht aus dem heimischen Wohnzimmer: Ihre Tochter Klara sei „ein Riesenfan" der Gruppe, na so was, und dann kamen alle mit in die achte Etage, in Schröders Musterwohnung. Männer, die sich zuvor mit Sonnenbrillen und E-Gitarren auf der Bühne vor dem Kanzleramt verausgabt hatten, saßen nun am Wohnzimmertisch und staunten über den Ausblick. Weil alles stimmt, was in der Zeitung steht, gab es Rotwein und Zigarren, und immer, wenn einer der Gitarrenmänner sich brav und ohne etwas kaputt gemacht zu haben verabschiedete, zog Schröder sie unterschiedslos etwas ruckartig zu sich heran und schüttelte sie zum Abschied. Doll, dass ihr da ward. Das erzählten die Männer sich dann im Lift und rätselten, ob der Kanzler sie vielleicht verwechselt habe. Stand jemand auch nur kurz allein in der Wohnung herum, kam Schröder-Köpf angeschwebt und zeigte dem Gast alle Räume, erklärte, dass es auf dem Balkon zu windig sei, um dort zu essen, um dort Kaffee zu trinken, eigne er sich vortrefflich; dann zählte sie auf, wer schon da war, wer noch käme, und dass jeder frage, wer die Bücher ins Regal gestellt habe, und dass es sich bei den Büchern durchweg um Geschenke von Verlagen handele. Auch Julian Nida-Rühmelin war mit seiner Frau da, einer Schriftstellerin, die man aus *Bunte* als „die Orangenprinzessin" kennt. Auch sie ließen die Hosen an und hörten geduldig Udo Lindenberg zu, der weitschweifig „ein Projekt" skizzierte. Man wird ja so dankbar – ein Politiker-Paar, das sich so unpeinlich wie möglich verhält.

Nur wenige Minuten entfernt vom Kanzleramt wohnt der Hauptgeschädigte der Scharping-Fotos: *Bild*-Kolumnist Mainhardt Graf Nayhaus, der jahrzehntelang viermal pro Woche unter dem Titel „Bonn vertraulich" unterhaltsame Petitessen aus dem Regierungsviertel verbreitete, und nach parallel vollzogenem Umzug seine Kolumne fortsetzt, die seitdem natürlich „Berlin vertraulich" heißt. Als Multiplikator wird Graf Nayhauss von den Politikern geschätzt und gefürchtet. Er ist bei jedem Empfang, jedem Bankett, jeder Dienstfahrt dabei und berichtet seinen Lesern all das, was in der Tagesschau nicht zur Sprache kommt: Was es zu essen gab, wer den schönsten Anzug trug, wer mit wem und wer gegen wen und wer vielleicht, eventuell, man hört, es wird gemunkelt, angeblich, weiß nichts Genaues, doch scheint es so, als ob – Nayhauss ist weiterhin der erste Gerüchtekoch der Bundesrepublik, der von den verschiedenen Machthabern unterschiedlich geschätzt und instrumentalisiert, von keinem aber ignoriert wurde, dazu ist seine Leserschaft und damit sein Einfluss zu groß. Seine parteiübergreifende Indiskretion macht Nayhauss unberechenbar und von dieser Seite unabhängig. Jedoch ist er darauf angewiesen, Geschichten und Vermutungen aufzustöbern und zu belauschen. Beinahe beleidigt erinnerte er nun in seiner Kolumne: „Früher wurde heimlich geliebt."

Wenn nämlich Regierungserklärungen im Jacuzzi abgegeben werden, kann Nayhauss seine Kolumne dichtmachen. Vom Balkon seiner Zweizimmerwohnung (Erstwohnsitz bleibt Bonn) aus hat er Blick aufs Brandenburger Tor und auf den Reichstag. Aus dem Zimmer seines Arbeitszimmers kann er das ARD-Hauptstadtstudio sehen. Ideal für ihn, den Beobachter, der dem beeindruckten Gast ein Fernglas reicht. Berlin vertraulich: Auf dem Dach der ARD wird gerade ein Interview geführt, ein Adlon-Page popelt in der Nase und die Menschen, die sich gegenseitig vor dem Brandenburger Tor fotografieren, kommen tatsächlich überwiegend aus Japan. Hinterm Adlon sieht man den Sat1-Ballon schweben, für 36 Mark kann man von dort aus eine Viertelstunde über die Hauptstadt blicken, wahrscheinlich nur noch bis November, da Roland Koch sich beschwert hat, die Touristen würden ihm von diesem so genannten „Hi-Flyer" aus direkt ins Büro gucken. Das möchte man natürlich gerne prüfen, vielleicht badet Koch gerade oder überweist Geld, wer weiß, also hinauf, und am liebsten natürlich mit Deutschlands führendem politischen Schlüssellochgucker. Auf dem Weg zur Ballonabflugstelle begegnet Nayhauss seinem Kollegen von der *Süddeutschen Zeitung*, der Recherche-Legende Hans Leyendecker. Die beiden Herren kennen einander lange und begrüßen sich freundlich, schütteln kurz den Kopf über den Offenbarungseid des Medienberaters Josef von Ferenczy, der habe sich komplett verrannt, analysiert Leyendecker, habe nach Ende des kalten Krieges irgendwie den Anschluss verpasst, na ja, wie es eben so ist, tjaja, und sonst – die beiden Herren wippen auf ihren Schuhen, warten, dass die Ampel grün wird. Nayhauss zeigt auf den Ballon, und tatsächlich kommt Leyendecker gerade dort her, mit seiner Tochter war er raufgefahren, er hatte ihr vorher nichts von seiner Flugangst erzählt, so schlimm sei es aber oben auch nicht, bloß ein bisschen windig, na dann viel Spaß. Nayhauss kennt den kürzesten Weg zum Ballon, und bezeichnenderweise heißt diese Straße „In den Ministergärten" – sein Revier. Ob er Rentner sei, fragt die Ballonfahrt-Kassiererin Nayhauss uncharmant, und bevor er antworten kann oder muss, begleicht sein Begleiter flugs zweimal den vollen Fahrpreis, keine Ermäßigung, bitte. Oben die allerbeste Aussicht. Nayhauss kann zu jedem Gebäude eine Schnurre erzählen, dort im Sony-Center zum Beispiel hat ihn Naumann mal „Schmalspur-Journalist" genannt, nachdem Nayhauss ihn zuvor in seiner Kolumne als „Schmalspur-Minister" bezeichnet hatte. Bei Roland Koch sind die Jalousien geschlossen. „Politiker haben eigentlich eine Einblicksverpflichtung", sagt Nayhauss, heimlich aber würde er nirgends reingucken, und geschrieben habe er bislang nie über Koch – „er hat mich noch nie eingeladen". Zu viel des Guten sei es jedoch bei Scharping, Nayhauss nennt es „over-exposure". Da muss sogar ein professioneller Aufdiepellerücker wie er sein Fernglas verkehrt herum halten, um den natürlichen Abstand wieder herzustellen. Der Ballon setzt zur Landung an und im Radio heißt es, Scharping fliege wahrscheinlich. Den sich aufdrängenden Wortwitz wird Guido Westerwelle bestimmt gerne in ein Mikrophon hineintriumphieren. Graf Nayhauss muss zum Hautarzt, sich außerdem bei der Telekom beschweren und dringend seine Reise nach Slowenien abrechnen, erzählt er zum Abschied. Ganz vertraulich.

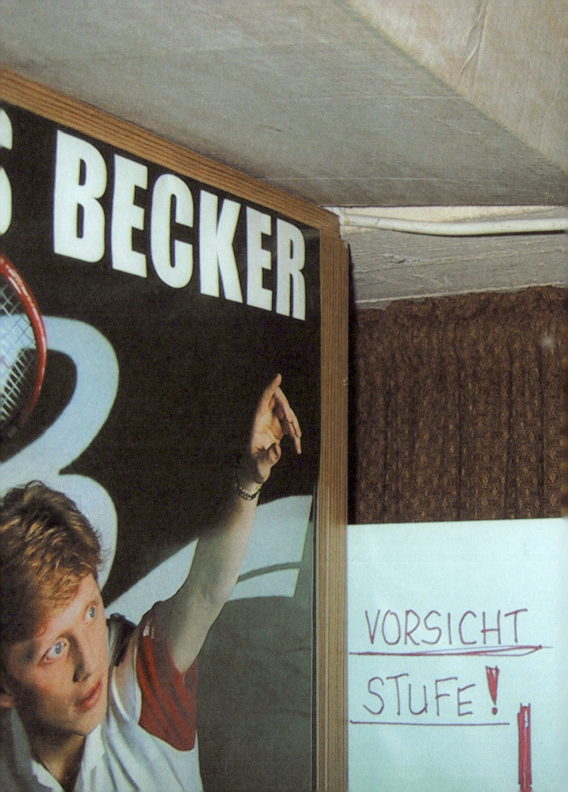

Hobbykeller

Ein Kellerraum unter einem Duisburger Mehrfamilienhaus. Vollgestopft, aber ordentlich. Hier wertete ein heute 76-jähriger jahrelang für den deutschen Tennisbund die Weltpresse aus. Suchbegriff: Becker, Boris. Alles.

Eher zufällig gerieten die akribisch geführten Ordner in die Hände der Staatsanwaltschaft, die ihr Glück kaum und Boris Becker nun wahrscheinlich doch fassen kann: Beckers nach Vorbild von Ion Tiriacs Frisur verästeltes Firmen-/Wohnsitz-/Steuer-Konstrukt beschäftigt Fahnder und Juristen schon jahrelang, und die in ihrer Vollständigkeit beispiellose Duisburger Dokumentation bringt nun Dynamik in die Klärungsbemühungen, geht doch daraus genau hervor, wann Becker wo war und warum. Alles säuberlich ausgeschnitten, aufgeklebt, zusammengeheftet.

Bezeichnenderweise sind es hochgradig unglamouröse Orte, die dem sich in einer Ludowigschen Guccischlaufe verlierenden einst (bald wieder?) so genannten Leimener gegenwärtig Realitätsrückrufe bescheren – nach der Besenkammer nun der Rentnerkeller.

Neben dem Lichtschalter bittet in zackiger Handschrift ein Schild (alles ist ja in einem deutschen Rentnerhaushalt ausgeschildert) die

Kellermitbenutzer, Fahrräder nicht vor dem Eingang abzustellen: „Muss oft mit vollen Händen in den Keller. Danke." Voll müssen die Hände in der Tat gewesen sein, denn nicht nur das Leben von Boris Becker wurde hier zu Papier, auch Chroniken zahlreicher Fußballvereine wurden in diesem Keller angefertigt. Mit dem Zeitungszerschneiden begonnen hatte Herr Dings (Klingelschildaufschrift bekannt) auf der Suche nach Berichten über den MSV Duisburg. Als Nebenaspekt der gegenwärtig stark diskutierten Frage nach Beginn menschlichen Lebens sei die Überlegung gestattet, wie ein vom Vater am Tag der Geburt verfügter Vereinsbeitritt sich auf den späteren Charakter auswirkt. Herr Dings ist seit seiner dritten Lebensminute Mitglied des MSV Duisburg, sein Vater hatte mit halbausgefülltem Formular in der Geschäftsstelle auf den Anruf der Hebamme gewartet und war wohl ganz froh, dass Herr Dings kein Mädchen geworden war. Es dürfte nicht viele Menschen geben, die fünf Jahre vor ihrem 80. Geburtstag geehrt werden für eine 75-jährige Vereinsmitgliedschaft. Die dafür verliehene „Goldene Ehrennadel mit Brillant" hängt neben der von Herrn Dings am 12. Mai 1940 unterschriebenen Luftwaffen-Verpflichtungserklärung. Auch der Steuerknüppel des von Herrn Dings geflogenen Kampfbombers wurde an die gestreifte Tapete genagelt. Daneben Mannschaftsbilder aller Art, ein Barometer und, auf Wimpeln und Zinntand, immer wieder: das MSV-Wappen. Schließlich hat er das gemeinsam mit seinem Vater auf dem Linoleum einer Teppichbodenrückseite entworfen.

Die Zuneigung zu diesem Verein war ihm ja nun tatsächlich in die Wiege gelegt worden, das Schnipselsammeln also anfangs nicht verwunderlich, jeder sammelt ja irgendwas, doch mit den Jahren wurde die Sammelleidenschaft des Herrn Dings immer raumgreifender, jahrelang musste er übers Fußende ins Bett steigen, der Rest des Zimmers war mit Zeitungsbergen verstellt.

Nach dem Krieg bekam er eine Anstellung bei Thyssen, erstellte täglich die Konzernberichte, druckte, ordnete und heftete auch dort. Nach der Arbeit ging es im heimischen Keller weiter, jeden Abend bis zur mitternächtlichen Radionationalhymne. Im Tausch gegen seine vom lufthohen Morddienst mitgebrachten, damals äußerst raren Nachtsichtgläser bekam Herr Dings von einem holländischen Schiffskapitän einige Tonnen Papier. Er schnitt, sammelte und klebte. Sponsoren und andere Vereine wurden auf die imposanten Jahresbände des MSV aufmerksam und beauftragten Herrn Dings mit weiteren Suchbefehlen. Zeitweilig sichtete Herr Dings pro Tag 80 Zeitungen. Den Keller verließ er nur noch in Richtung Thyssen, Bett oder Kiosk. Er war ein vollanaloger Suchmaschinist, eine Art freiheitlich rechtsstaatlich arbeitende Einmann-Ruhrpottstasi.

Einmal hatte ihm der Tennisbund zwei Karten für ein Daviscup-Spiel in der Essener Grugahalle geschickt. Herr und Frau Dings sind hingefahren, haben die Essensgutscheine eingelöst und nach Turnierende hatten sie Zutritt zu irgendeinem Wichtigbereich, Herr Becker, ich habe Ordner mitgebracht, hatte Herr Dings gerufen, doch Becker habe nur Jaja gesagt.

Obwohl Tennis ihn nie so interessiert hat wie Fußball, begeisterte Herrn Dings doch die Spielweise von Martina Navratilova außerordentlich. Als er dann vor einigen Jahren mal seine Schwester in Texas besuchte, hat er Navratilovas Adresse ausfindig gemacht, doch sie war nicht da, und das war vielleicht auch besser so, denn „viel Englisch kann ich nicht, eigentlich bloß von früher: Ami go home."

Nach einem Herzinfarkt hat der Arzt Herrn Dings die Kellerarbeit verboten. Eine kleine Ausnahme hat Herr Dings sich vor kurzem gestattet und für sein jüngstes Enkelkind eine „Festschrift zur Taufe" zusammengestellt. Darin findet sich der MSV-Mitgliedsausweis des Kindes, ausgestellt am Tag der Geburt. Sauber kopiert und abgeheftet.

Formel 1

Heiner Lauterbach hängt irgendwo fest, wird gemeldet, also nehmt Ochsenknecht allein, sonst bricht uns der auch noch weg. Okay, okay, der Kameramann rennt los, der Tonmann hastet hinterher, wo ist Nova, Nova ist schon da, Grüß dich Uwe, los geht es. Nova Meierhenrich stellt sich neben Uwe Ochsenknecht, dessen Hemdfarbenwahlkriterium wie immer zu sein scheint, auch vom Helikopter aus jederzeit erkennbar zu sein. Hallihallo, sagt die Farbe, hier ist Uwe Ochsenknecht, ich bin ein deutscher Schauspieler, Julian Nida-Rühmelin muss gutfinden, was ich mache, hallo, hallo, ich bin's, ich und mein Hemd, und die 70er Jahre waren sehr schön. Ochsenknecht also bricht nicht weg, Lauterbach hängt weiterhin, und Nova Meierhenrich, die im Auftrag des Decoderelitenfernsehsenders Premiere, jenem Kanal für Menschen mit entschieden zu viel Zeit und zu wenig Freunden, die redet dann mal los, Kamera läuft, läuft die ganze Zeit, man kann ja hier im Fahrerlager des Nürburgrings bedenkenlos durchfilmen, irgendwer Prominentes läuft immer durchs Bild. Keine Fragen zur Familie!, ruft eine Ochsenknechtbetreu-Dame noch, und Nova Meierhenrich, die sich selbst Lifestylereporterin nennt, und die von *Bild am Sonntag*, für die sie die Kolumne „F1 inside" schreibt, bzw. über der ihr Name steht, als „Vollgas-Diva" und „Pistenlady" tituliert wird, Nova Meierhenrich also lässt Leo Kirch im Dorf und beruhigt: „I wo, ist doch nur für Premiere." Uwe Ochsenknecht findet es also auch total spannend alles, danke, viel Spaß noch, das war länger als eine Minute dreißig, also zu lang, wenn jemand ins Plaudern komme, soll sie bitte abwürgen, sonst kann man es nicht senden, erklärt eine Redakteurin, und verständig nickt die Vollgaspistenlady Nova, deren Arbeitstag im Helikopter mit den so genannten Klitschkobrüdern begonnen hat („Ich bin hier jetzt gerade mit den Klitschkobrüdern unterwegs"), also diesen zwei gutmütig bis bräsig wirkenden Faustkämpfern mit rudimentären Deutschkenntnissen, die früher eine Jahrmarktsattraktion gewesen wären und heute eben interviewt werden, denn dieses dialogische Wortvomieren wird ja Interview genannt: Hallo, du auch hier, und, was erwartest du so vom Rennen, ist es dein erstes Rennen, wo hast du denn das Outfit her, wie ist so dein Gefühl, coole Sonnenbrille, wen hast du so gesehen, bis später, ich wünsch dir auf alle Fälle jede Menge Spaß. Das ist ein Interview. Jede Ölkanne wird interviewt, jede Sonnenbrille kommentiert die Lage. Bis zum Rennen sind nämlich noch einige Stunden rumzukriegen, und die Sendungen haben schon begonnen, das Drumherum wird ins Monströse aufgebauscht, so dass man kurz vorm Start eigentlich spätestens übersättigt ist, aber viele Menschen gucken sich das gelängte Elend an, sonst gäbe es das ja gar nicht. Die Formel 1 ist zur Zeit eben das, was Tennis mal war und kurz auch Boxen, eine Sportart also, deren professionelle Ausübung Ort und Zeitpunkt für Prominentenzusammenkünfte festlegt, wo also alle hinkommen, weil alle hinkommen: „Sehen und gesehen werden" analysiert Nova Meierhenrich in ihrer Kolumne und verzichtet unerklärlicherweise auf die mit dieser Phrase eigentlich doch siamesisch verwandte Wendung „Jahrmarkt der Eitelkeiten". Vielleicht nächsten Sonntag dann, anlässlich des Großen Preises von Frankreich in Magny-Cours.

Nova Meierhenrich, die – man käme von selbst nicht unbedingt drauf – ein Journalistik-Studium abgeschlossen hat, bevor sie begann, Quark zu senden, ist natürlich nicht die einzige nett anzusehende junge Dame mit der Aufgabe, Prominenten einsdreißig lang ein Mikrophon vors Gesicht zu halten. Vor jedem Wohnwagen steht jemand Blondes und spielt Journalistin, ein komplett neuer Berufszweig ist so entstanden. Die Arbeitsämter sollten schon mal Umschulungsmöglichkeiten vorbereiten für die beträchtliche Zahl jener sich mit dieser Tätigkeit recht spezifisch fortbildenden Damen, die absehbarerweise nach Ablauf des Junggenugseins, abgefahrenen Reifen gleich, unsentimentalst ausgetauscht werden. Formvollendet in Leben und Werk von Verona Feldbusch gaukelt diese neue, besonders perfide Form der sexistischen Ausbeutung vor, ihre Opfer seien sich all dessen bewusst, viel ist vom Augenzwinkern die Rede – am Ende aber wird den Frauen doch wieder nur in den Arsch gekniffen.

Im Auftrag von RTL läuft Jeanette Biedermann herum, deren Karriere mit dem Gewinn eines Sangeswettbewerbs der *Bild*-Zeitung begann, daraufhin hieß sie „Bild-Schnuckelchen", inzwischen ist sie Schauspielerin, das heißt, sie macht in einer Seifenoper mit, und natürlich hat sie auch schon eine CD herausgebracht, woraufhin irgendjemand, schätzungsweise ihr Management, begonnen hat, sie „die deutsche Britney Spears" zu nennen, und weil also bei dieser Dame offenbar nichts zu absurd ist, führt auch sie nun Interviews. Ist sie wenigstens von der Straße weg, was soll's. Gerade sitzt sie auf einem Reifen („Leute, ich sitze hier auf einem Original-Reifen") und gleich wird sie Michael Schumacher in die Arme laufen, ihm sagen, dass sie sehr aufgeregt ist und ihm die Daumen drückt, und hinterher hysterisch rumfiepen, weil Schumacher so nett war, und die zuständige Redakteurin wird das Interview loben. Dann wird Jeanette Biedermann sich bei Ben Becker dafür entschuldigen, „dass ich so komische Fragen stelle, weil das nicht mein richtiger Job ist" oder so ähnlich, und Ben Becker wird belustigt konstatieren, dass er sich so was „schon gedacht habe, junge Dame", und dann mit Heino Ferch noch ein bisschen von rechts nach links und von links nach rechts laufen, durch seine Sonnenbrille gucken und gut aussehen, bis eben endlich das Rennen beginnt, dabei wird er auch Nova Meierhenrichs Nullfragen sendefähig beantworten. Ben Becker besucht zum ersten mal ein Formel 1-Rennen, eingeladen hat ihn, das ist so üblich, irgendeine Zigarettenfirma, rauchen und geraucht werden, das ist der Deal. Becker also trägt einen fabelhaften Anzug, poltert herrlichen Quatsch in die Mikrophone, trinkt ein Bier und benimmt sich wie ein Star, das ist doch mal sehr angenehm, er ist nicht so verdruckst wie die allermeisten deutschen Schauspieler, die ständig versichern, auf dem so genannten Teppich geblieben zu sein, und nichts langweilt ja mehr, was bitte soll das immer, auf dem Teppich ist doch der Zuschauer selbst, wozu braucht er da Stars, nein, seine Kollegen sollten es Ben Becker nachtun und rumposen, sich was ausdenken, das ist auf alle Fälle unterhaltsamer, das wäre mal ein Schritt: halb so viele Preisverleihungen für künftig bitte doppelt so gute Filme, bisschen interessanter werden, mal das Jammern zur Landung einstellen, danke. Und ab und zu mal kein Interview geben, das könnte auch nicht schaden. Mal an einem Mikrophon vorbeigehen, oder sich vorher zumindest einen Satz überlegen, der noch nicht in der *Gala* gestanden hat, wie wär das?

Jetzt, Nova, da, Götz George, hin! Den muss man „mitnehmen" (= interviewen), aber das kann auch gehörig schief gehen, hoffentlich will der nicht über einen neuen Kunstfilm reden, nein, offenbar hat ihm jemand erklärt, dass man hier bitte alles super finden soll und Wahnsinn und danke. George gelingt es beinahe, mitzunichtsen, nur kurz weicht er ab, normalerweise sei ein Wochenende zum Rückzug da, zum Lesen – aha, cool, nickt Nova, und das ist ein entzückender Moment, aber zu lang war's, über eins dreißig.

Heiner Lauterbach ist angekommen, wird von RTL-Streckenposten Kai Ebel geduzt, schuhgeleckt und zu irgendeiner Kamera gebracht. Ein Mitarbeiter der *Bild am Sonntag* fragt Nova, wie sie ihre

Kolumne findet, sie beschwert sich über ein eingeklinktes Fastnacktbild: „Ich wollte diese ganze sexy Schiene nicht." Er nickt, aber eigentlich scheint er eher den Kopf schütteln zu wollen. Was möchte sie denn bitte dann? Wahrscheinlich „journalistischer arbeiten". Äh ja, natürlich. Man denkt an Aussagen vergleichbarer Fachkräfte, die nach ihrer ersten Nacktbildveröffentlichung mit dem Klassiker „Ich interessiere mich sehr für Moderation" darum bitten, sich wieder anziehen und trotzdem weiter mitmachen zu dürfen. Nur sehr selten interessiert sich die Moderation aber auch für sie.

„Ich bring dich ganz groß raus" kann dann auch heißen: Da vorne ist die Tür.

Um 14:00 Uhr endet Novas Arbeitstag: Das Rennen beginnt.

Währungsreform

Nein, Spielgeld gibt es nicht, wirklich nicht. Die Paderborner Bürger sind enttäuscht. Das Lokalfernsehen hatte am Vorabend versprochen, im Euro-Zelt auf dem Rathausplatz seien Bastelbögen mit Münzen und Banknoten zum Ausschneiden zu bekommen. Paderborn ist eine der 100 Städte, in denen dieses Zelt bis zum Ende des Jahres für jeweils zwei Tage aufgestellt wird. Die Deutsche Bundesbank und die „Aktionsgemeinschaft Euro" wollen der allgemeinen Angst und Unkenntnis bezüglich der Währungsumstellung in so genannten „direkten Gesprächen mit den Bürgerinnen und Bürgern" entgegentreten.

Die Bürgerinnen und Bürger sind ja Zelte auf Marktplätzen gewohnt. Baut doch fast täglich in jeder anständigen deutschen Fußgängerzone irgendjemand zwischen Springbrunnen und städtisch bepflanztem Blumenkübel Stand oder Zelt auf und bittet um Aufmerksamkeit, Unterschrift oder Spende. Wenn es regnet, mufft man als Bürger diese Nervposten mit ihren Prospekten, Listen, Buttons und rasselnden Geldsammeldosen gehörig an, wenn jedoch die Sonne scheint, lächelt man auch mal oder zeigt sich interessiert, dabei Eis essend. Das Euro-Zelt hat nun den Vorteil, dass jeder Passant zur Zielgruppe gehört und deshalb das Bürgerinteresse, die Stehenbleiberfrequenz, trotz novembriger Witterung beträchtlich ist. Ein schlechtes Gewissen oder Angst hat schließlich jeder, wenn er von weitem die Styropor-Euro-Münze sieht: Seit Jahren wird darüber geredet, doch jetzt scheint es wirklich ernst zu werden. Niemand weiß genau, was ab dem 01.01.2002 (oder früher – oder später?) passiert, ob es dann eine Inflation gibt oder man nur noch mit Taschenrechner einkaufen gehen kann, ob es sich auf die Rente im Saarland auswirkt, wenn in Griechenland die Zinsen steigen, wieso der Umrechnungskurs so krumm ist und wohin bis wann mit den Schlafmünzen – oder ist das bloß eine weitere Sendung mit Günter Jauch?

Misstrauisch („Größer sind die Münzen nicht? Aber doch bestimmt schwerer!") bis pragmatisch („Passen denn die Scheine ins Portemonnaie?") sind die Fragen, die die Eurozelter geduldig beantworten. Wenn ein Bürgerdirektgespräch im einvernehmlichen Tja versandet, wird es auch mal philosophisch: „Der Euro ist ja mehr als nur Geld." Und es gibt wirklich kein Spielgeld? Nein, aber wenigstens ein Gewinnspiel, dazu allerlei Prospekte, Listen und Merkzettel, die, weil sie gratis sind, vor allem lärmende Schulklassen in ihren Scoutranzen verschwinden lassen. „Aber nur, wenn ihr sie auch lest", jammert eine Mitarbeiterin der Aktionsgemeinschaft hilflos mit kippender Referendarinnenstimme.

Vor dem Zelt hat sich ein Student das „Euro-Sandwich" umgeschnallt, läuft nun als riesige Pappmünze durch die Fußgängerzone und verteilt Broschüren. Ein gut durchbluteter Herr mit Försterhut und viel Zeit für ein direktes Bürgergespräch bleibt stehen und stellt den wehrlos in seiner Werbemontur Steckenden zur Rede. Wie er sich das denn vorstelle mit dem Euro, wie das denn bitte funktionieren solle, solange nicht überall dieselben Steuersätze gelten. Und dies und das.

Ja, das sei im Einzelfall sicher richtig, stottert der pro Stunde bezahlte Student, der ja auch nichts dafür kann, aber verkleidet als übergroßer Euro natürlich eine hervorragende Beschwerdenzielscheibe abgibt.

Den baldigen Weltuntergang prognostizierend setzt der Mann seinen Weg fort, und der Student wünscht sich das Mauskostüm herbei, in dem er an Wochenenden vor dem Zelt rumzuturnen hat, das zwar kratzt, aber mehr Schutz bietet.

Auf Schautafeln im Zelt kann man die neue Währung begucken, allerdings nicht in Originalgröße, wegen der Verbrecher. Drei Verkäuferinnen eines nah gelegenen Kaufhauses stehen vor einem Informations-Bildschirm und ergänzen die schon draufgepatschten Bürgerfettflecken durch ihre Fingerabdrücke – per Monitor-Berührung navigieren sie durch ein Multiple-Choice-System, dessen Ziel es ist, „Fit für den Euro" zu machen. Ihr Chef habe sie geschickt, damit sie am nächsten Tag in der Personalversammlung ein kleines Referat zum Euro halten können, also schreiben sie ab, was der Monitor weiß, bis sie merken, dass es auch das als Faltblatt gibt, bitte, daran soll es nicht scheitern, als Faltblatt gibt es hier alles. An Wochenenden kriegt man sogar Schokoladenmünzen ins Gesicht geschleudert, dann steht vor dem Zelt eine Wurfmaschine.

Ein Euro entspricht ungefähr zwei Mark, ganz genau jedoch: 1,95583 DM. Ja, verbindlich. Aha, hmhm. Das heißt mal zwei, durch zwei, was denn jetzt? Und das gilt jetzt schon? Theoretisch? Jedes Land gestaltet die Münzrückseiten individuell, was ja eine wunderbar idiotische Kompromisslösung ist, und im September gibt es die Originalbanknoten zu sehen, ab Dezember erste Münzen bei der Bank, ab erstem Januar dann keine Gnade, ah ja, und – so viele

Regelungen und Termine, die Paderborner nicken schicksalsergeben und stecken noch einen Prospekt ein. Also: mal zwei? Durch zwei? In der Bäckerei Zarnitz liegt der Euroumtauschkurs bei 1,85 DM: Dafür bekommt man einen, schöne Wortkoppelung, Euro-Amerikaner. Das Graubrot heißt vorübergehend Euro-Kruste, ja, zumindest der Bäcker in Paderborn ist schon ausgesprochen eurofit.

Die Kugelschreiber zum Rätselausfüllen sind vorsichtshalber angeleint (die Schulklassen!), was gibt es denn außer Prospekten umsonst? Tüten mit Banknotenkonfetti, eingeschweißten DM-Achthundertstel als Souvenir der guten alten Zeit. Das sei doch mal was, freut sich eine Paderbornerin und langt beidhändig zu, für die Hochzeit von Heiko und Inken. Immerhin: Werfgeld.

Filmpreis-Verleihung

Eigentlich sollte ich mit meiner Band die paar hundert Meter vom Adlon bis zum roten Pro7-Teppich vor der Staatsoper chauffiert werden, nun aber heißt es, ich soll besser gemeinsam mit meiner Moderations-Kollegin Susann Attwell vorfahren. Na schön. Um acht soll es los gehen, wo bleibt jetzt Susann? Geschminkt werden muss ich auch noch. Und die Haare! Ich trage stets zwei Fotos meiner Frisur im Idealzustand bei mir, die zeige ich den Maskenbildnern als Zielvorgabe. Mein eigenes Haar-Spray, L'Oreal Studio-Line, habe ich auch immer dabei. Zehn nach sieben schon. Bißchen nervös jetzt. Ich benutze heute, anders als sonst, einen Teleprompter, und wenn man dann anfängt zu improvisieren (und das tue ich immer), können die Dinger einen ganz schön überlisten.

Susann, höre ich jetzt, hat eine halbe Stunde vor der Tür auf mich gewartet, ist dann los, und jetzt schon in der Oper. Ich nehme den letzten Fahrdienstwagen, einen Zwergen-Mercedes, die schönen Autos sind alle schon weg. Im Auto läuft esoterische Beruhigungsmusik. Das macht mich nervös. Auf dem Teppich empfängt mich Alexander Matza, der die Ankunft der Gäste kommentiert. Er legt jedem die Hand auf die Schulter und sagt, dass es toll sei, dass man da ist, und was man denn erwartet, und dann sagen alle, na, dass es toll wird, und dann sagt Matza, dass das ja wiederum toll sei. Ich winke nach links, dort stehen Gebührenzahler und rufen und fotografieren. Auf der gegenüberliegenden Seite stehen Journalisten und rufen und fotografieren auch. Wir wollen den Sascha sehn, plärren drei vollschlanke junge Damen links. Ihr sollt zur Schule gehen, singen einige Journalisten rechts zurück. Das ist lustig und gemein.

Einige rufen Götz, Götz, juhu. Angenehm. Oh, jetzt ich: Was dürfen wir erwarten, fragt Matza, nimm die Hand von meinem Smoking, Bursche: Zusammenhängende Sätze in deutscher Sprache, entgegne ich. Das ist natürlich toll, sagt Matza.

Susann ist schon verkabelt. Gleich geht es los. Mein Mikrophon macht Schwierigkeiten, wegen der Fliege, mit einigen Metern weißem Klebeband versiegelt ein Tonmann meinen Oberkörper. So geht es nicht. Meine Band trinkt Bier und isst Garderobentisch-Schokoriegel. Eine fingerfertige Dame näht das Ansteckmikrophon an meinem Revers fest, und da kommt auch schon Regieassistentin Steffi, die mir den Weg weisen wird, wenn ich nach einer Moderation die Bühne verlasse und durch einen Seitenausgang hinausgehe, dann durch die Katakomben, um bei der nächsten Moderation wieder auf die Bühne zu gelangen. Immer im Kreis. Ich laufe hinter Steffi her, sie flüstert exakte Kommandos in ein Funkgerät und hat die Lage im Griff, sehr beruhigend. Wir gehen durch lauter Türen mit der Aufschrift Durchgang verboten.

Es beginnt. Naumann hält eine sehr lange Rede, offenbar lustig, wir hören nur das Publikum lachen, von der Rede selbst nichts, wir stehen auf einem Roll-Podest hinter dem Vorhang, ich am Klavier, Susan liegt darauf gegossen, fabelhaft sieht das aus, und dann rollen wir hinein, singen ein Liedchen, und der Anfangsapplaus ist für ein solches Fachpublikum überraschend herzlich. Ah, in Reihe eins sehe ich gleich Johannes Rau, der ist wie ich Ehrensenator im Münsteraner Karnevalsverein. Auch Möllemann ist dort Mitglied. Da, Jürgen Tarach, Karasek, Michael Stich, Hannelore Elsner, Ochsenknecht, Iris Berben – alle da. Ein Preis nach dem anderen, es sind ja nicht gerade wenig. Und immer hinter Steffi her.

Alles geht glatt, nur eine Irritation gibt es, als der Teleprompter und ich vergessen, mit wem genau Heiner Lauterbach einen Preis überreicht, aber ich rette elegant: Meine Damen und Herren – Heiner Lauterbach, und jetzt schauen Sie mal, wen er da mitgebracht hat. Die Leute schauen, Steffi und ich gehen ab.

Gleich singt Bryan Ferry. Ich begrüße ihn hinter der Bühne, und er lobt meinen studiolinierten Haarschnitt. Die Frisur, schmeichle ich zurück, sei inspiriert vom Foto auf der ersten Roxy Music-LP. Das glaubt er mir aber nicht, wird dann per Podest auf die Vorderbühne gerollt und singt wunderschön live zu konservierter Musik. Meine Band und ich spielen komplett live an diesem Abend, ein Lied geben auch BAP, da kommt alles vom Band, bis auf Niedeckens Schellenkranzgerassel. Wim Wenders stellt sich zu den Kölnern, zwischen Schlagzeug und Keyboard, und wackelt ausgelassen mit den Knien. Die stecken in einer schwarzen Hose mit roten Rallyestreifen. Auch dies macht Wenders besonders.

Detlev Buck kommt auf die Bühne und sagt: Kinder, schöne Veranstaltung, aber das müsst ihr noch ganz schön schneiden. Es wäre schön wenn dieser Satz drinbleibt.

Der letzte Preis, eine Million Mark für Oskar Röhlers „Die Unberührbare", ich mache einen leicht obszönen Witz über Naumanns Spendierhosen und einen darin befindlichen Goldsack, der stand so nicht auf dem Teleprompter, die Kamera fährt um mich herum, ich trete fast auf Diepgens Schuh, und dann ist die Verleihung vorbei, ich rufe erstmal meine Frau an und wechsle das Hemd. Meine Band trinkt schon wieder Bier.

Da kommt ein Kamerateam angelaufen und fragt mich, ob es toll war. Von links latscht Ulrich Wickert ins Bild und sagt, man solle mir kein Wort glauben. Doch, doch, heißt es von der anderen Seite, Roger Willemsen ist das, alles könne man mir glauben. Das Kamerateam reckt begeistert die Daumen in die Luft, Wickert beginnt Homers Odyssee zu zitieren, gibt ab an Willemsen, der De bello Gallico runterrasselt. Ich sage schließlich den einzigen russischen Satz, den ich noch aus der Schule kann. Schnitt. Dann esse ich einige Meeresfrüchtepastetchen und trinke Sekt und Bier im Wechsel, unterhalte mich und alles geschieht genauso, wie es am kommenden Donnerstag in *Bunte* und *Gala* nachzulesen sein wird.

Anderntags fahre ich mit meiner Band nach Thüringen. Wir treten im Rahmen des Arnstadter Jazzweekends auf, und anders als am Vorabend gehe ich auf die Bühne und weiß wieder ganz genau, was zu tun ist. Keine nette Steffi muss mich führen, meine Haare mache ich mir selbst und der Abend muss auch nicht geschnitten werden, keinerlei Staatsmacht im Saal, nur wir und unsere Lieder. Was auch reicht. Am Dienstagabend werde ich mit meiner Frau die Videokassette angucken, ohne vorzuspulen. Mal sehen, wie es war.

Urlaubslektüre

Heinz Hoenig sucht eine Pferdepflegerin, na immerhin, sagt Nils Müller, Klatschkolumnist des *Mallorca Magazins*, eine Meldung sei das allemal. Der Drucker pustet die nachts verschickte, jeden Satz mit bis zu zehn Ausrufungszeichen beendende e-mail des bei Niederschrift offenbar gut gelaunten deutschen Schauspielers („Hallo Piraten!!!!!!") in Müllers wartende Hand. Den Heinz Hoenig kennen die Leser, das ist schon mal gut, und dass er eine Pferdepflegerin sucht, indiziert einen individuellen Bezug zur Insel, das ist dann sogar sehr gut – Nils Müller ist zufrieden, schließlich ist es selten, dass ein deutscher Prominenter ihm anderes liefert als (er lehnt sich zurück, schließt die Augen, pustet Marlborolightsrauch aus und imitiert grinsend): „Mallorca ist so gut erreichbar, tolles Klima, tolle Menschen, abwechslungsreiche Landschaft, Palma hat ein besonderes Flair, die Ballermann-Klischees haben mit dem Großteil der Insel nichts zu tun." Und, zum tausendsten Mal dabei, bitte nicht mehr wählen: die schönen Ecken. Er kann es nicht mehr hören. „Ich schreibe es natürlich trotzdem immer mal wieder", sagt er schulterzuckend, schließlich erscheint das *Mallorca Magazin* wöchentlich, und nicht jeder könne ja so vielschichtig und zugleich mitteilsam sein wie Heinz Hoenig.

Seit 30 Jahren existiert das von einem spanischen Verlag herausgegebene deutschsprachige Magazin. Da Mallorca flächendeckend mit quietschrädrigen Drehständern voll aktueller deutscher Tagespresse bestückt wird, berichtet das Magazin den deutschen Kaltfrontflüchtigen eben nicht über zu Hause, sondern über andere Deutsche auf der Insel und über die Insel selbst, hin und wieder sogar über einen Spanier, denn auch die gibt es ja auf Mallorca, man vergisst das immer wieder. Und es ist ja immer was los, was Deutsches: Filme werden gedreht, Grundstücke gekauft, Läden eröffnet, neue CDs oder Ehefrauen präsentiert, auf der Finca das Olivenölloblied oder unten am Strand, bei den Ganzjahresoktoberfestschmerbäuchen irgendein Tittenlied gesungen – oder eben Pferdepflegerinnen gesucht.

Das Autorenfoto über seiner Kolumne zeigt Nils Müller mit zwischen Ohr und Schulter geklemmtem Telefonhörer, denn er muss sich das ganze Zeug ja anhören. Gestern war er bei Ebby Thust zum Kaffee eingeladen, morgen muss er das Geschehen auf irgendeinem RTL2-Realityboot interessant finden. Zwischendurch mit einem für die ARD auf Witzsuche sich begebenden Bonner Kabarettisten Kaffee trinken. Statt „interviewen" sagt Müller grundsätzlich „Kaffee trinken", denn es geht ja in jeder seiner Geschichten um den so genannten Menschen: „Ich sage immer, ich mach die Stories nicht über die, sondern MIT den Leuten. Schnappschuss, Kaffee trinken, fertig." Zwar seien die meisten seiner Kaffeemittrinker hier in der Sonne besser gelaunt als in Deutschland und ausnahmslos immer gern in der Zeitung, doch müsse er ihnen zunächst stets begreiflich machen, dass er ihnen nicht viel ihrer Urlaubszeit stehlen wolle – „wenn es sein muss, bin ich in einer Viertelstunde durch". Ein Kurzinterview also, beziehungsweise dann wohl ein Espresso.

Ob Schmerzensgeld auf Müllers Gehaltsabrechnung gesondert ausgewiesen ist, fragt man sich, wenn man ihn den Satz „An Jürgen Drews kommt man nicht vorbei" sagen hört und dabei seinen Schreibtisch besichtigt: Es stapeln sich Freiexemplare gänzlich unfassbarer Mitgrölhymnen, der Besitzer der Bar „Golden Door" hat, ganz unverbindlich, ein Perlweißfoto geschickt von sich und Miss

Germany, und unterm Aschenbecher liegt – mit vielen Lesezeichen versehen, denn jedes Kaffeetrinken will vorbereitet sein – Ebby Thusts Buch „Glanz und Elend". Glanz also auch.

Die Redaktion ist untergebracht in einem zweistöckigen gelben Flachdachzweckbau auf einem Hinterhof in Palma, auf dem man eher eine Autowerkstatt mit unverkrampfter Einstellung gegenüber Schwarzarbeit und Altölentsorgung erwarten würde. Ein paar Meter weiter in Richtung der Prachtstraße „Passeig des born" betreibt der Berliner Friseur Udo Walz einen Salon. Über dem Redaktionsfaxgerät ist eine Hausmitteilung angebracht: „Udo Walz bietet allen Redaktionsmitgliedern einen Rabatt von 30 Prozent auf alle Frisierarbeiten." Darüber hat jemand handschriftlich „Freiwillige vor!" ergänzt. Bislang habe erst eine Mitarbeiterin von diesem Angebot Gebrauch gemacht, erzählt eine Redakteurin. Dass diese Kollegin von zu Hause aus mitarbeite, stehe aber nun wirklich in keinem Kausalzusammenhang mit der rabattierten Friesierarbeit.

Das *Mallorca Magazin* begeht nicht den Fehler des gerade eingegangenen *Palma Kurier*s, das Blatt an den ihre Heimatstadt mit Muscheln in Sandwälle buchstabierenden Pauschaltouristen vorbeizukonzipieren. Doch um auch Anzeigenkunden zu überzeugen, die anderes anbieten als Bier, „DZ/VP 599,-" oder Sonnenöl, muss die Berichterstattung nicht nur für die jährlich 3,5 Millionen deutschen Urlauber, sondern auch für die ca. 70.000 dauerhaft auf Mallorca lebenden Deutschen von Belang sein. Der Chefreakteur nennt das „Spagat", und die zwischen Berlin und Mallorca pendelnde Moderatorin der Sendung „Sabine Christiansen" spreizt sich vorbildlich, denn sie liest das Blatt, so war in der 30-Jahres-Jubiläumsausgabe zu lesen, gerne, „weil ich über den aktuellen Stand der regionalen politischen Themen informiert sein will", und wer will das nicht. Diese Begründung ist ja universell verwendbar, auch als Jägermeisterwerbung zum Beispiel oder in einem Pferdepflegerinnenbewerbungsschreiben.

Drogenfahndung

Drogen arbeiten nicht, wissen wir von Richard Ashcroft, Drogenfahnder hingegen arbeiten natürlich ziemlich viel, und ihre Einsatzzeiten sind unbedingt unchristlich zu nennen. Frühester Morgen, Hamburch pennt noch, aber Herr Streckwald von der Bereitschaftspolizei ist schon wach und bester Laune, fährt angenehm zügig („Jetzt ham mich die Hunde doch geblitzt, man, man, man!") zum Hamburger Hafen, wo heute wie alle paar Tage ein aus Südamerika kommendes Schiff routinemäßig vom Zoll durchsucht wird. Streckwalds Kollegen von der Tauchgruppe werden sich ins Hafenbecken plumpsen lassen und den Schiffsrumpf abtasten, ob nicht vielleicht irgendein Unhold eine Kiste Betäubungsmittel anmontiert und den Frachter als Kurier missbraucht hat. Streckwald fährt noch einen kleinen Schlenker, eine Kollegin abholen, die ihre Morgenzigarette bitte auf dem Gehsteig aussohlen soll, danke. Weiter geht die Fahrt, ein bisschen Fahndertratsch über einen erfolgreichen Zugriff tags zuvor in Rotterdam. Streckwalds Kollegin nennt ihn „Strecki", und statt „festnehmen" sagt Strecki „hops nehmen", was ja eher niedlich klingt, aber da kann ein Beruf noch so aufregend sein, irgendwann banalisiert die ewige Wiederkehr noch alles. In der Grundlagendefinition jedoch bleibt Strecki äußerst genau: Statt von Drogen spricht er von „Rauschgift", und die Schmuggler und Dealer nennt er „die Bösen". Eingewurstet in einen spinatfarbenen Overall springt er aus dem Auto, begrüßt die Kollegen vom Zoll, die Taucher, Moinmoinmoin, schallt es, schönste Morgensonne lässt die Warnfarben auf Containern, Gabelstaplern und Helmen strahlen, ein Schiff hat vergessen, das Öl auf See zu verklappen und nun also schillert eben das Hafenwasser blaumetallic. Das Meer sieht tatsächlich aus wie der Acrylfarbenspastizismus eines im Kundenbereich einer Bank ausstellenden Künstlers, mit dem die Ehefrau des den Unsinn finanzierenden Filialleiters diesen obendrein betrügt, doch das nur nebenbei.

Dann wollen wir mal, frohlockt Strecki. Eine internationale Vereinbarung zwischen Reedern und Behörden legitimiert die Beamten, sich auf jedem Schiff ohne gesonderten Durchsuchungsbefehl umzusehen. Sie melden sich beim Kapitän an, der gerade ein Rührei isst und kauend winkt, der Besuch überrascht ihn nicht, man kennt sich, man grüßt sich, der Kapitän isst weiter, und die Suche beginnt. Ein Maschinist kommt in Badeschlappen um die Ecke, eine Waschtasche unterm Arm, schlurfig, müde, aber nun reißt er die Augen auf und guckt so verunsichert und geständig, wie jeder vernünftige Mensch, der urplötzlich einer Horde Uniformierter gegenübersteht. Moinmoin. Einige Zollbeamten haben eine goldene Kordel auf der Mütze kleben, die innerhalb ihrer eigenen Hierarchie für überhaupt nichts steht, bloß Eindruck aufs Schiffspersonal machen soll. Funktioniert.

Die Zollbeamten führen ihren Spürhund Gassi: an Deck, unter Deck, im Maschinenraum, bei den Rettungsbooten. Es bleibt bei

Zufallsfunden und Heißsteinbetropfungen, sinniert Strecki, natürlich würde es die Personalsituation nicht erlauben, jedes in Frage (also aus Südamerika) kommende Schiff zu kontrollieren, und die stattfindende Kontrolle kann bei den Ausmaßen eines normalen Containerschiffes auch nur oberflächlich bleiben. Tausende von Containern können selbstverständlich nicht im Einzelnen auf Drogen untersucht werden. „Hauptsache, die Gegenseite weiß, dass wir am Ball bleiben", sagt Strecki und zeigt belustigt auf eine Buntfotostrecke, die jemand auf der Tischtennisplatte im Matrosen-Freizeitraum hat liegen lassen: Eine Hamburger Tageszeitung hat die Wochenendnachtlebennachberichterstattung bebildert mit gesichtsverzerrten, aus Funk und Fernsehen bekannten Ausgehmenschen. Man könne, merkt Strecki lakonisch an, also davon ausgehen, dass an den Kontrollen vorbei durchaus immer mal wieder kleinere Mengen Rauschgift die Hansestadt erreichen.

Strecki guckt über die Reling zum Schlauchboot der Taucher, die zu zweit langsam den Rumpf abtasten. Nichts gefunden bislang, wie meistens. Das Risiko für die Händler sei gering, die Gewinnspanne bei erfolgreichem Transport nämlich gewaltig, rechnet Strecki vor: Ein für ca. 5000 Mark gekauftes Kilogramm Kokain bringt im Weiterverkauf hierzulande gut das Zehnfache ein, also ist es für „den Geeechna" (Streckwald) eine gut kalkulierbare Investition, kleiner Ausfall im Riesengeschäft, wenn hin und wieder eine Ladung beschlagnahmt würde. Nicht jeder ist ja leider so dumm wie der „Trottel" (Streckwald), ein älterer deutscher Herr, weich gequatscht von einer hübschen Dame, der neulich für eine Woche mit nichts als Handgepäck nach Curaçao fuhr und zurückkam mit drei extrem übergewichtigen Koffern, gefüllt, wie er am Zoll angab, mit Gabelstaplerersatzteilen. Braucht man ja immer mal. Der Zöllner, dem all das seltsam vorkam, nahm die Ersatzteile auseinander, das darin lagernde Kokain in Gewahrsam und den Mann natürlich gleich mit.

Die Kollegen vom Zoll haben noch zu tun, die Taucher kommen immer mal kurz zur Lagebesprechung an die Wasseroberfläche geblubbert und tauchen dann wieder ab. Zeit für eine kurze Hafenrundfahrt: Strecki entert das Schnellboot eines Wasserschutzpolizisten und moderiert höchst unterhaltsam den kleinen Törn, unter Berücksichtigung spektakulärer, aktenkundig gewordener Vorkommnisse rund um den Hafen. Erklärt, warum Bananenfrachter besonders geeignet sind für unfreiwilligen Rauschgifttransport, zeigt das Asylbewerberwohnschiff, auf dem es einige Wochen zuvor eine große Razzia gegeben hat, bei der viele Kleindealer während Abpackarbeiten gestört und „hops genommen" wurden. Streckwald ist um Differenzierung bemüht, meidet Verallgemeinerungen, kann jedoch aus der Erfahrung etlicher Dienstjahre heraus ernüchternde Fakten ableiten. So sieht es halt aus. Der Drogenhandel ist in fest organisierender Hand, die Polizei hat keine Chance und müht sich doch redlich, was sonst soll sie tun.

Die Taucher kommen aus dem Wasser, recken den Daumen: Gefunden! Was denn, was denn? Drogen, Rauschgift? Nein, nein, einem von ihnen war die Tauchbrille verloren gegangen und die hat sein Kollege jetzt bergen können. Ein Teilerfolg. Auf Wiedersehen, Herr Kapitän. Der Spürhund pisst an den VW-Bus, Strecki fährt in die Hamburger Innenstadt, vorbei am Hauptbahnhof, wo zwischen Steakhouse und Stadtrundfahrtsdoppeldeckerhaltestelle ziemlich offen gedealt wird. Die zwei Polizisten, die dort patrouillieren und manchen Junkie oder Händler zu einem für beide Sprechrollen streng ritualisierten, immer gleichen Dadadialog auffordern oder für ein paar Stunden vom Platz stellen, wirken wie Schauspielschüler bei einer Außenübung.

„Da ist unser Job am Hafen doch befriedigender", sagt Strecki und fährt zurück zu den anderen, zweites Frühstück. Ein paar Fischbrötchen hops nehmen, dann geht's weiter.

...NN BONN - ANNULLIERT	17:00	16:...
...RIEDRICHSHAFEN	17:00	
BERLIN-TEGEL	17:00	17:00
WIEN - ANNULLIERT	17:05	
NEW YORK	17:05	
SHANGHAI PUDONG	17:05	
MAILAND - MALPENSA	17:05	17:05
PARIS CH. DE GAULLE -	17:05	17:05
LONDON - GATWICK	17:10	
TORONTO	17:10	17:10
...YON - ANNULLIERT	17:10	17:10
...KING	17:10	17:10
...SINKI	17:15	
...TERDAM - ANNULLIERT	17:15	
...SSEL - ANNULLIERT	17:15	17:15
...GART - ANNULLIERT	17:20	
...VER HBF.	17:20	17:20
...VER - VERSPÄTET	17:20	
	17:20	
	17:25	

Terminal 1 ABC   Terminal 2

Verspätung

Vor kurzem hatte ich aus beruflichen Gründen eine Reise zu unternehmen, Berlin–München und zurück, ganz normal. Dachte ich. Doch aus dem nur vermeintlich niedlichen Grund „Witterung", dessen zeitloses Chaospotenzial 99 % der gegenwärtigen Forschungsgegenstände absurd erscheinen lässt, waren allerlei Flüge gestrichen und verschoben worden. Die umfangreiche Wartezeit wurde mir mit organisatorischen Herausforderungen kurzweilig vertrieben. Sieben Stunden lang war ich bestens damit beschäftigt, umzubuchen, rumzufluchen, nach meinem Gepäck zu fahnden, ein- und wieder auszuchecken und, Warteschleifenmelodien schließlich mitsingend, auf telefonische Auskünfte zu warten.

Um mich herum kollabierte die Solidargemeinschaft: Kleinkinder machten Geräusche wie Ziegelsteinsägen, Ehen scheiterten, und der Volkswirtschaft entstand ein beträchtlicher Schaden – so zumindest interpretierte ich die zornigen Ausbrüche einiger Geschäftsmänner, die die Verspätungen anzeigenden Monitore bespuckten und mit ihren Budapesterschuhen auf Check-in-Automaten eintraten, derweil sie in die Freisprechschnüre ihrer Telefone hineinschrien.

Meine Verabredung in München war längst unerreichbar geworden, doch ich durfte das nach vier Stunden endlich einsteigebereite

Flugzeug nicht mehr verlassen. Noch einmal drei Stunden verstrichen bis zur Starterlaubnis. Am Franz-Josef-Strauß-Flughafen endlich angekommen, wollte ich am liebsten direkt zurück nach Berlin fliegen, was konsequenterweise nicht möglich war.

Um das Kofferband herum nahmen die anderen Reisenden sich eine nicht zu beneidende Mitarbeiterin der Fluggesellschaft vor, die ihrerseits versuchte, mit 15-Marks-Gutscheinen für so genannten „Verzehr" im Flughafengebäude die Menschen zu besänftigen. Für 15 Mark bekommt man in Flughafenausschänken beinahe einen Kaffee. Obwohl ich aufgrund irgendwelcher Bestimmungen berechtigt war, auf diese Frau einzuargumentieren, bis sie mir ein Nachtquartier organisiert hätte, verließ ich schleunigst den Brüllpulk und fuhr mit der S-Bahn in die Stadt, die telefonische Reiseauskunft der Deutschen Bahn hatte mir nämlich einen Platz im Nachtzug nach Berlin zugesichert. Ich hatte immer vermutet, dass eine Telefonauskunft einem viel erzählen kann, wenn der Tag lang ist, und wenn dieser Tag eines gewesen war: dann lang. Der Bundesbahnbedienstete bestätigte meine Vermutung im Zug – den er dann ohne mich nach Berlin begleitete.

Es war spät geworden, und nunmehr als Atheist betrat ich das erstschlechteste Hotel. Der Portier schien Teilnehmer eines für Bayerische Verhältnisse ausgesprochen randgruppenfreundlichen Resozialisierungsprogramms zu sein. Er wies mir ein 99-Marks-Zimmer zu, dessen Preisleistungsquotient mich darin bestärkte, meine ruhende Mitgliedschaft im Deutschen Jugendherbergsverband beizeiten zu reanimieren. Ich hätte es zwar noch geschafft bis zum Etagenklo, doch der Blick aus dem mit einer brandlöchrigen, orangebraunen Stoffbahn halbgardinierten, undichten Gründerzeitfenster ließ mich sämtliche Rudimentärmanieren vergessen. Bei der Einfahrt in die Hölle ist es schließlich egal, ob man den Hut abnimmt.

Ich pinkelte also ins Waschbecken und fühlte mich in dieser so zu nennenden Absteige wie ein Haftentlassener in den ersten Sendeminuten eines Tatorts, wenn er mit einem Pappkoffer eine schäbige Unterkunft bezieht und vom Kommissar observiert wird, weil von Großteilen der Beute bis heute jede Spur fehlt: Vor dem braunen Pressholzschrank stehend klaubt er zwei Hemden, eine Bibel, 300 Mark vom Tütenkleben, Ausweis, Socken, ein vergilbtes Foto und einige längst ungültige Telefonnummern aus dem Koffer. Irgendwann erreicht er doch jemanden, der sich sehr erschrickt, und die Frau ist mit dem Komplizen und der Beute durchgebrannt und so weiter.

Das Rezeptionsfaktotum hatte Vorkasse verlangt und auf die Dusche im vierten Stock hingewiesen, ebenfalls auf die Frühstückszeit von ungefähr 5 bis 6 Uhr 30 in der Früh'. Ich legte mich hin zum Sterben. Daraus jedoch wurde nichts, da im Nachbarzimmer gestritten wurde. Damit die anderen Hotelgäste nicht jedes Wort mitbekamen, war voller Rücksicht der Schwarzweißfernseher laut gedreht worden. Die Nacht zeigte, dass die Tonspur von RTL2 unbedingt als Wunderwaffe für den Verteidigungsfall vorzumerken ist. Kino im Kopf – am nächsten morgen eher Popcorn.

Stunden vor Ende der Kampfhandlungen im Frühstücksraum machte ich mich auf zum Flughafen, wo sich noch viel interessantere und folgenreichere Katastrophen als am Vortag zutrugen. Zentralcomputer waren ausgefallen, Piloten erkrankt, Landebahnen vereist und so weiter, das alles deutschlandweit. Ohne auf erneute Essensmarken zu warten oder auf irgendeinen alliierten Rosinenbomber umzubuchen, fuhr ich zum Bahnhof. Es ist ja nicht so, dass man nicht auch mal neun Stunden lang stehen kann, sah ich ein, und noch bevor mein ICE-Team viermal gewechselt hatte, betrat ich schon Berliner Boden, der inzwischen wieder aufgetaut war, so dass auch der Betrieb in Tegel wieder planmäßig vonstatten ging, wie ein Anruf ergab.

Ich notierte sämtliche Zumutungen der vergangenen 48 Stunden, kaufte eine unauffällige Billigreisetasche, legte das Protokoll meiner seelischen Auslöschung dort hinein und fuhr mit dem Fahrrad nach Tegel. Ich stellte die Tasche auf zentrales Terminallinoleum und informierte umgehend einen Sicherheitsbeamten über das herrenlose Gepäckstück. Nach einigen natürlich folgenlosen Ausrufen wurde der Bereich um die Tasche herum weiträumig gesperrt. Feuerwehr und Notfallhelfer postierten sich, Ankunfts- wie Abflugzeiten mussten aus Sicherheitsgründen gehörig verschoben werden, und eine astronautisch kostümierte Spezialeinheit sprengte schließlich die überschätzte Tasche. Schlaffe Nylonfetzen übersäten den Boden unter den Wolken, ich ging fort und summte ein altes Lied für die tote Tasche: „Alle Ängste, alle Sorgen/denkt man/bleiben darunter/verborgen."

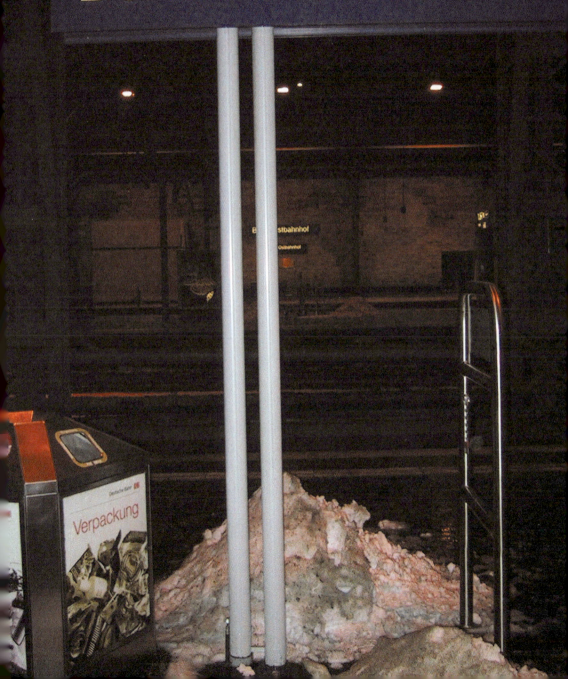

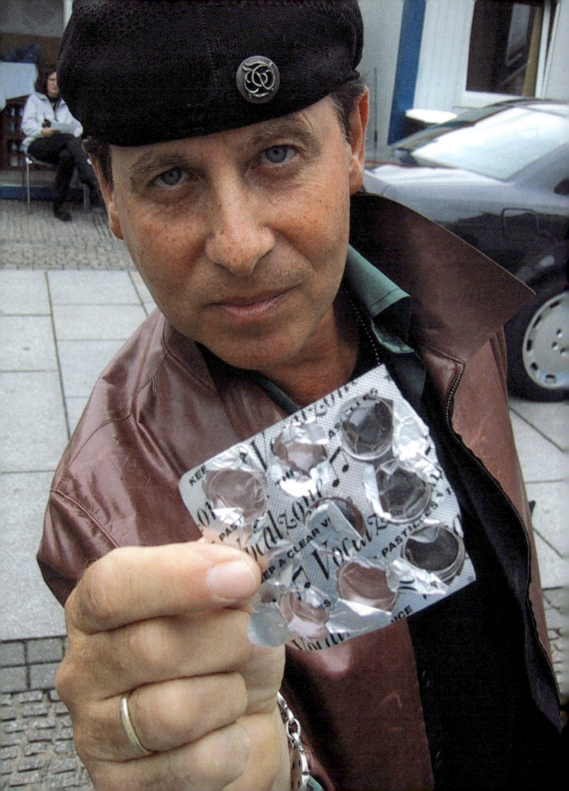

Wind of Change

Mit schwarzer Ledermütze, Lederhose, Lederjacke, erwartungskonform auch mit einer Sonnenbrille, tritt Klaus Meine, Sänger der deutschen Rockformation „Scorpions" aus der mattsilbernen, mit einem Plingpling sich öffnenden Aufzugtür und geht auf einen bärtigen, merklich, dennoch unaufdringlich mit einem hochgehaltenen Schnellhefter winkenden, in der Mitte der Hotellobby wartenden Herrn zu. Händeschütteln, Uhrenvergleich, kurzes Auflachen. Der Mann bleibt mit seinem Schnellhefter in der Hotellobby zurück, Meine steigt in eine vor dem Hotel wartende Leihlimousine des Konzertveranstalters, die Wagentür stand offen, war genau in dem Moment geöffnet worden, als Meine aus der Hoteldrehtür spazierte, für die Dauer des Rückbankbesteigens aufgehalten von einem mafiös kopfnickenden anderen Mann, dessen Gesicht sich einzuprägen unmöglich erschien, und als Klaus Meine seine beiden in Lederstiefeln, kompletter Berufskleidung also, steckenden Rockstarbeine auf das schwarze Wagenbodenwaffelgummi gestellt hatte, war die Tür zugeschnappt, und der Mann, der sie mit einem eleganten Schubser hatte zuschnappen lassen, war in Sekundenschnelle mit eckenlosem Raubtierhuschen von der Wagentür hinten rechts zur Fahrerplatztür vorne links geeilt, dreht am Zündschlüssel und steuert den Wagen zum Gendarmenmarkt. Das Wageninnere: klimatisiert, leicht verdunkelt, ruhig. Ein Rockstardienstwagen.

KLAUS MEINE Ich bin gerade aus einem zweiwöchigen Portugalurlaub gekommen, von der wunderschönen Algarve, nun kurz Berlin, bevor ich mich mit der Band in der nächsten Woche auf eine ausgedehnte Asientour begebe. Wir waren das erste Mal da unten an der Algarve, meine Familie und ich, es ist sehr schön dort, nicht ganz so weit entfernt, und es war wunderbar: bisschen relaxen und sehr viel Tennis spielen mit meinem Sohn, der, das muss ich gestehen, so gut geworden ist, dass er mich das eine oder andere mal richtig weggeputzt hat. Da muss ich mich mittlerweile richtig anstrengen, der ist richtig sehr gut geworden, der junge Mann, was mich natürlich sehr freut. Das Wort Urlaub haben wir Scorpions eigentlich aus unserem Wortschatz verbannt, weil wir eigentlich immer im Studio sind oder konzertmäßig auf Achse, wir waren gerade in Paris, haben zwei Konzerte in Albanien gemacht, Tirana, im Fußballstadion, und weil uns das so gefallen hat, planen wir für den Herbst eine Balkantour, aber jetzt ist erstmal Asien angesagt: Seoul, Singapur, Kuala Lumpur, Manila, Indonesien, Bangkok – und zum Schluss geht es irgendwo nach Indien. Ich brauche ständig neue Reisepässe. Denn mit den ganzen Visa und Stempeln und Arbeitsgenehmigungen, alles, was da so reingestempelt wird, sind die immer ziemlich schnell voll. Ich habe mir gerade wieder einen neuen machen lassen, man kann sich ja zwischendurch für ein Jahr oder so einen machen lassen, einen vorläufigen, das ist ja alles kein Problem.

Die Fahrt geht vorbei am Bundeskanzleramt. Gerhard Schröder und die Scorpions kennen sich gut, oft sah man sie zusammen in Zeitungen abgebildet, Tennis spiele man hin und wieder gemeinsam, war zu lesen, und dass „Wind of Change" Gerhard Schröders, ja auch und sogar Doris Schröder-Köpfs Lieblingslied sei, obwohl in einer anderen Zeitung, unter einem Foto des Kanzlerehepaares beim italienischen Essen mit Udo Lindenberg, geschrieben stand, Udo Lindenberg sei Doris Schröder-Köpfs Lieblingssänger. Aber – Zeitungen! Schreiben doch eh, was sie wollen. Nur weil der Regierungschef bei dem Postkartenvorlagenmaler Bruno Bruni urlaubt, wurde ihm ja zum Beispiel auch unterstellt, Bruni sei sein Lieblingsmaler, aber ja doch!, auch das stand in einer Zeitung, in irgendeiner.

KLAUS MEINE Gerhard Schröder und ich kennen uns seit Mitte der 90er Jahre, er hat uns damals eingeladen nach Lissabon, nee, Quatsch, nach Sevilla, und zwar 1994 war das, glaube ich, zur Expo, und da haben wir kräftig Jam-Sessions hingelegt, und Schröder war damals dabei als Ministerpräsident, und viele andere Vertreter des Rocklandes Niedersachsens auch, Hannover war immer Industriestadt, bisschen wie Birmingham, in Hannover gab es immer eine gute Szene. Und auf dem Rückflug sind wir beinahe alle zusammen abgestürzt, weil der Blitz eingeschlagen ist. Schröder hat uns nie für Wahlkämpfe ausgenutzt, wie viele andere das versucht haben, nein, nein, da wäre ich der Erste gewesen, der das gewittert hätte, doch er hat das nie gemacht, und deswegen, auch dafür: Respekt.

Er ist jemand, der einfach Mensch geblieben ist, und der dieses Amt eben nicht vor sich her trägt. Ich kann doch nicht, nur weil ich aus der Rockmusik komme und eine Lederhose trage, jetzt plötzlich sagen, der ist nun Kanzler, das ist uncool. Wir mögen uns, und es ehrt mich natürlich, wenn ich lese, „Wind of Change" sei sein Lieblingslied. Wenn das wirklich so ist, dann wahrscheinlich, weil das Lied diese politische Dimension hat. Dabei liebt er doch eigentlich nur Elvis. Wie auch immer, wir sind befreundet, und seinem Freund schickt man auch mal eine CD, da schreibe ich eine nette Widmung drauf, mit Lackstift, und ab geht's.

Pathosspezialist Klaus Meine, der im Auftrag von Gerhard Schröder „Moment of Glory", das Lied zur Expo, schrieb, wird an diesem Abend den Zugabenblock des auf dem Gendarmenmarkt konzertierenden José Carreras bereichern, sie werden im Duett Gerhard Schröders Lieblingslied „Wind of Change" singen, ein Lied, das nach dem Fall der Mauer in ganz Deutschland, bzw. im seitdem so genannten Gesamtdeutschland, monatelang zu hören war. Das Lied beginnt mit einem Pfeifen, dieses Pfeifen ist unvergesslich, wie ohnehin, das weiß nicht nur die *Super Illu*, diese ganze Zeit damals, in die das Lied ideal hineinpasste, politisch, musikalisch, emotional, kommerziell – und überhaupt und sowieso.

KLAUS MEINE Die Erfahrungen, die wir 1988 bei unseren Konzerten in Leningrad gemacht haben und ein Jahr später, im August 1989 auf dem Moskauer „Music Peace Festival" – das waren die wichtigsten Inspirationsmomente für die Komposition von „Wind of Change". Der Text beginnt mit der Szene, als wir mit Bands aus aller Herren Länder, aus Amerika, aus England, aus Russland, mit Soldaten der Roten Armee, Leuten von MTV, Moderatoren aus Amerika – also der ganzen Welt in einem Boot saßen und wir alle auf diesem Fluß runter fuhren zum Gorky Park. Ein Jahr vorher hatte man uns in Moskau ausgeladen, dann aber durften wir doch in Moskau vor 100.000 Menschen spielen, es wurde das olympische Feuer entzündet und irgendein älterer, weißhaariger Herr stand auf der Bühne und sagte: „Let Rock & Roll begin." Haben wir gemacht. Im Gorki Park hingen Lautsprecher in den Bäumen, eine schöne August-Nacht war das, so heißt es ja auch in dem Lied. Das war ein ganz besonderer Moment, die ganze Welt kam zusammen und hat eine Sprache gesprochen: nämlich Musik. Dass die Welt sich da vor unseren Augen verändert hat in Moskau, das war offensichtlich, nur war ich der Einzige, der es aufgeschrieben hat, und zwar in Hannover, unmittelbar nach der Rückkehr. Das Lied wurde zu unserem bislang größten Hit, war weltweit Nummer eins. Die Faszination des Songs gerade für Berlin ist, dass er die Ereignisse hier quasi vorweggenommen hat. Am zehnten Jahrestag des Mauerfalls haben wir

„Wind of Change" hier begleitet von 160 Cellisten gespielt. Auch toll war unser Berlin-Auftritt bei „The Wall", vor 250.000 Leuten, die auf Hitlers Bunker saßen.

Ankunft Gendarmenmarkt. Autotür auf, Absperrgitter zur Seite, überall warten Männer, ein Rockstar wie Klaus Meine wird überall erwartet von Männern in Positionen, die ihm gerne weiterhelfen, mit allem, mit Feuer, Getränken, Telefonen, Richtungsangaben, Ratschlägen, Bestätigungen, mit pointenunabhängigem lauten Lachen, in den Mantel, aus der Tür, in die Tür, weit über den Hilfsbedarf hinaus wird geholfen.

EIN FAN tritt heran, reicht Meine schüchtern eine weiße Würstchentragepappe und einen Kugelschreiber: Entschuldigung, ganz kurz, für Oliver, bitte. Wenn Sie übrigens ein Würstchen haben wollen, ich verkaufe die da hinten.

KLAUS MEINE Im Moment nicht.

FAN Thüringer Rostbratwürste. Vier Mark, aber die Künstler kriegen sie auch umsonst, klar. Gut, ich bedanke mich.

KLAUS MEINE Kein Problem.

Gerhard Schröders Lieblingssänger drückt zwei schwarze Lutschpastillen aus einem Aluminiumträger, „Vocalzone – Keep a Clear Voice" steht auf der Verpackung.

KLAUS MEINE Die sind sehr stark, die bekommt man nur in England, zumindest in Deutschland gibt es die gar nicht.

Von einem der vielen hilfsbereiten Männer wird Meine zu seiner Garderobe geleitet.

DER HILFSBEREITE MANN Wenn Sie noch irgendwas brauchen, einfach Bescheid sagen.

Der Sänger sieht sich in dem kargen Garderobenraum um, der einer Gefängniszelle ähnelt, kahle Wände, ein kleines, sehr kleines Fenster, ein Tisch, ein Stuhl, zwei Flaschen, nein, Fläschchen Mineralwasser. Nasszelle separat.

KLAUS MEINE So leben die Rockstars, haha. Fairerweise muss ich dazu sagen: Auf die Frage, was ich bräuchte, habe ich gesagt, ein bisschen Wasser, sonst nichts, für den einen Song wäre alles andere jawohl auch übertrieben. Garderobezertrümmern fällt heute flach, hehe. Ist ja ein schöner Brauch eigentlich, das gab es immer mal wieder auf all den Tourneen rund um die Welt, hier und da musste auch mal ein Fernseher dran glauben, der dann durchs Fenster flog. Zuletzt eine Garderobe zerlegt haben wir, das ist schon eine Weile her, irgendwann in den 80er Jahren. Entweder weil das Catering so schlecht war oder es irgendwelche sonstigen Probleme gab. Dann war schon mal die kleine Schlacht backstage angesagt, das gehörte einfach dazu. Aber heute Abend sowieso nicht, da bewege ich mich ja im Bereich der Klassik, und weil José ein sehr lieber Mensch und mein Auftritt ja nur kurz ist und alle sehr nett sind, deshalb gibt es heute keinerlei Anlass für Randale.

José veröffentlicht im Herbst eine neue CD, auf der „Wind of Change" das einzige Duett sein wird, und so entstand die Idee eines Fernsehsenders, mit uns beiden in Berlin an den authentischen Orten zu drehen, und da bin ich direkt aus Portugal hierher gekommen und wir haben einen ganzen Tag lang vor der Kamera gestanden: Bisschen an der Mauer lang, dann am Reichstag, am Gendarmenmarkt – leider ist das Brandenburger Tor ja zur Zeit verhüllt, wir haben aber trotzdem dort gedreht. Und irgendwer flötete immer „Wind of Change", und ich sagte, „Ey, José, bist du das?" Und er war es auch, er hat so eine ganz spezielle Pfeiftechnik, ohne den Mund zu bewegen. Supergut. Und, da wir nun schon beide hier sind, bot es sich an, „Wind of Change" dann auch abends auf dem Gendarmenmarkt gemeinsam aufzuführen. Ich konnte das gut mit anderen Berlin-Terminen verbinden, war gestern bei Thomas Koschwitz in der Talksendung und heute Abend ist ja auch noch ein runder Geburtstag, der 60., von meinem alten Freund Frank Fahrian zu feiern, da werde ich natürlich am späten Abend auch noch mal vorbeischauen, das passt also alles ganz gut zusammen. Ich komme immer öfter und immer lieber nach Berlin, Berlin ist einfach eine unheimlich spannende Stadt, eine richtige Weltstadt, einfach die Größe, die Großzügigkeit, die phantastischen Bauten – London, Paris, ich denke in der Liga hat Berlin einen ganz guten Platz. Wenn man sieht, was allein aus dem Potsdamer Platz geworden ist in so kurzer Zeit!

Ein wiederum anderer hilfsbereiter Mann bringt Klaus Meine zur Bühne, auf der José Carreras schon probt, neben der Bühne wartet Klaus Meine, neue Männer eilen herbei, ganz vorneweg, sehr aufgeregt, der Festival-Direktor: Grüß dich, Klaus. Ich bin der Gerhard von der Echo-Verleihung, wenn du dich erinnerst, ja, das ist ja 'ne

dolle Sache, dass wir uns unter diesen Umständen wieder sehen, davon war ja damals noch keine Rede. Ich freue mich, du.
EIN TECHNIKER Hi, Klaus, wie machen wir es mit dem Mikro?
KLAUS MEINE Wenn du so einen schlanken Mikrophonständer hast, wie ich sie immer benutze, das wäre gut.
TECHNIKER Was heißt schlank?
KLAUS MEINE Naja, nicht mit solchen Füßen. Aber alles easy.
TECHNIKER Ich gucke mal. Wenn nicht, geben wir dir ein Handmikro. Also, ganz wie du es willst, Klaus, das machen wir exakt so, wie du es gerne hättest, das ist ja ganz klar. Wir haben nur gedacht, dass du dich vielleicht wohler fühlst mit dem Ding in der Hand, da hast du natürlich auch mehr Möglichkeiten.
FESTIVAL-DIREKTOR Seit 1992 machen wir das hier, wir sind jetzt im zehnten Jahr. Heute ist das sechste Konzert in diesem Jahr, 35.000 Zuschauer bisher. Denk mal nach, wenn du da oben stehst, schau dich mal um, wir machen hier ja normalerweise nur Klassik, aber alles ist möglich, du, alles. Am Sonntag hatte ich hier einen großen Musicalabend, 7.000 Leute, und wir haben „Classics of Swing" gemacht, Chacka Khan hat bei mir Mozart gesungen und „Ain't Nobody" – also, du siehst, die Crossover-Schiene. Vielleicht wäre das mal was für euch mit Orchester. 7.200 Plätze, eine schöne Location – einfach mal schauen, drüber nachdenken. Ah, das ist mein Sohn Max. Das ist der Klaus Meine.
MAX Hallo.
DER TECHNIKER (bringt einen Mikrophonständer herbei; keinen mit solchen Füßen): Na? Ist o.k. für dich, das Ding? Wie ist denn der Ablauf?
KLAUS MEINE Wie immer José sich das vorstellt. Ich bin ja nur zu Gast.
JOSÉ CARRERAS (guckt hinter einem Lautsprecherturm hervor, winkt Meine zu): I couldn't see you. One minute and we do it.

KLAUS MEINE No Problem.
FESTIVAL-DIREKTOR (spricht in Festival-Direktorenfachsprache mehr vor sich hin als zu Meine): Übrigens, in Magdeburg fliegen wir die X-Line zum ersten Mal, wollen mal sehen, wie es da kommt. Ja. Aber ich bin jetzt schon sehr zufrieden, das ist richtig geil.
KLAUS MEINE Bitte?
FESTIVAL-DIREKTOR Ich bin jetzt schon sehr zufrieden, das neue System hier, weißt du, diese Bananen. Wenn man bedenkt, dass wir vor vier Jahren für dieselbe Leistung einen Tower bis oben hin hätten bauen müssen. Aber diese Dinger haben eine unglaubliche Wucht. Du gehst 50 Meter weg von der Box und hast nie das Gefühl, dass da ein Verlust ist, wirklich gut. Sonst müsste man ja hier Druck machen für die Loge, und dann wäre es aber dort unerträglich. Bei Klassik sind die Leute ja sehr empfindlich, ein Problem ist auch die Reflektion durch die umstehenden Gebäude, nicht, das kommt ja alles zurück, aber ich muss sagen, die letzten fünf Abende hatten wir immer tolle Kritiken. Ganz toll war das bisher.

Klaus Meine versucht einen Witz, aber der Festival-Direktor hört nicht genau hin. Natürlich ist es auch sehr laut gerade, das Orchester, die Bananen (was auch immer die Bananen sind) – eine Wucht, ganz toll. Oder er findet den Witz nicht so gut. Nicht so gut wie die Tonanlage, die er hier hat aufstellen lassen, sensationell ist die, tolle Kritiken und nie das Gefühl eines Verlusts, auch in 50 Meter Entfernung nicht.

KLAUS MEINE Das ist übrigens eine Premiere heute – die eineinhalb Tenöre.
FESTIVAL-DIREKTOR Hm. Habt ihr schon festgelegt, an welcher Stelle der Zugaben ihr das macht?
KLAUS MEINE Die eineinhalb Tenöre – nicht drei, sondern eins Komma fünf.
FESTIVAL-DIREKTOR Jaja, aber die eigentliche, die wirkliche Premiere

ist noch eine ganz andere! Heute habe ich hier das 50. Konzert in diesen zehn Jahren, und es hat noch nie einen Vollplaybacktitel gegeben. Ich kann nur hoffen, dass das Orchester schön mimt, aber das machen die schon.

KLAUS MEINE (irritiert): Ach?

FESTIVAL-DIREKTOR (über Meines Verwunderung verwundert): Ja, klar. Die mimen dazu.

KLAUS MEINE Tatsächlich? Haben die die Noten nicht gekriegt?

FESTIVAL-DIREKTOR (beruhigend): Doch, haben sie. Die werden sicherlich drauf spielen, aber –

KLAUS MEINE (insistierend): Warum spielen die nicht live?

FESTIVAL-DIREKTOR (sich aus jeglicher Verantwortung stehlend, in leicht gehetztem Ton, der umso überzeugter wirken soll): I don't know, die Noten waren gestern da, ich habe gesagt, mir wäre es am liebsten, dass sie richtig live spielen, aber na gut.

KLAUS MEINE (enttäuscht): Wo kommt das Orchester her?

FESTIVAL-DIREKTOR (wieder sicherer, da Themenwechsel möglich): Aus Weißrussland und Polen. Gestern hatten wir das russische Nationalorchester aus Moskau da, mit denen habt ihr auch mal gespielt.

KLAUS MEINE (reingefallen): Ja, gerade im April.

FESTIVAL-DIREKTOR Ist das nicht ein geiles Orchester? Wow, das war was, hier gestern: 6.000 Leute, Tschaikowsky, da gingen Feuerfontänen hoch hier, ganz rund herum – das war ein rauschender Erfolg.

Probe, Konzert, ein rauschender Erfolg. Die zufrieden in die Nacht gehenden Konzertbesucher werden lange daran zurückdenken, vor allem diejenigen, die helle Beinkleider trugen – die Hauptsponsorenbeschriftung der Schaumstoffsitzkissen färbte ab, und in Spiegelschrift stand „Opel Classic Open Air" auf den Hosenböden, stand wiederum in der Zeitung. Und das, wo doch die Leute bei Klassik so empfindlich sind.

Aktionärsversammlung

Die Aktionäre leeren ihre Hosentaschen und geben am Eingang zur Hauptversammlung des Börsenhavaristen EM.TV auch noch ihr letztes Kleingeld ab. Diesmal allerdings gehen die Männer in dunklen Anzügen, denen sie ihr Kapital anvertrauen, damit nicht einkaufen – diese Männer in den dunklen Anzügen sind nämlich nur vom Sicherheitsdienst, der die anderen Männer in dunklen Anzügen, die mit dem düsteren Geschäftsbericht, schützen soll vor Wutentladungen der Anleger. Damit niemand den Vorstand mit Deospraydosen oder Messern bewerfen kann, muss eine Metalldetektorschleuse unpiepend passiert werden, jedes potentielle Wurfgeschoss wird für die Dauer der Veranstaltung in Sicherheitsgewahrsam genommen, schließlich ist der Aktienwert des Unternehmens – nach zunächst rasantem Kursanstieg im letzten Jahr – vom dreistelligen in den einstelligen Eurobereich hinabgerauscht, nahe Null, da ist ein Deodorantwurf nicht auszuschließen. Wen aber sollte man denn bewerfen?

Schuld am Desaster ist, darüber herrscht Einigkeit, Herr Haffa, der folglich auch nicht da ist, und sein Nachfolger, der Herr Klatten, ist ja eigentlich ganz nett. Tja. Aber. Genau. Die Aktionäre bekommen vor Betreten des Saals ihr Kleingeld zurück, dazu Brötchen, Kaffee und einen Biene Maja-Kugelschreiber (Henson!), dann nehmen sie Platz und gucken hasserfüllt in Richtung Podium. Die dunklen Anzüge sprechen: ergebnisbelastende Faktoren, der Markt hat nachgegeben, Kosteneffizienz und -effektivität müssen im Unternehmen stärker gelebt werden. Seien Sie versichert! Wir wollen nichts beschönigen! Ich kann Ihren Unmut verstehen! Auch das noch. Wohin mit dem Zorn?

Ich bin entschlossen, sagt Herr Klatten, der ja nichts dafür kann. Er sagt auch, wie alt er ist und was er vorher gemacht hat, das macht menschlich und schafft Vertrauen. Die Männer sitzen aufgereiht hinter großen Namensschildern, die vermutlich Strukturtransparenz und persönlichstes Engagement symbolisieren sollen. Bis in den Sanitärbereich werden die Reden übertragen, sie übertönen Spülung und Handtrockner. Die Rhetorik von Bilanz und Perspektive ist geschminkt mit Sachlichkeitsfloskeln, unheimlich lange Sätze nehmen Kurven wie „Was ich sagen will" oder „das heißt nichts anderes als", und es klingt strategisch gewieft, im neuen Geschäftsjahr einen Schwerpunkt auf die Rückführung von Bankverbindlichkeiten legen zu wollen, aber man könnte es auch „Schulden abstottern" nennen. Und gewinnträchtig klingen „signifikante Erlöszuflüsse im Falle eines Verkaufs", erstmal, eigentlich bedeutet das aber nur, dass die mit Fremdgeld und Hoffnungen teilfinanzierten Trophäen der kurzen Monopolyphase nun, damit der Strom nicht abgestellt wird, mit großem Verlust verscherbelt werden müssen. EM.TV kommt einem vor wie eine Thüringer Spiegel TV-Familie von 1990, die ein paar Monate lang rund um die Uhr Versandhäuser leertelefoniert hat und jetzt mit dem Bollerwagen zum Pfandleiher muss, mehrmals täglich.

Die Aktionäre sind gereizt, im letzten Jahr gab es Geschenke für die Kinder, besseres Essen, riesige Kermit-Puppen liefen herum, und Herr Haffa versetzte alle in Euphorie. In diesem Jahr gibt es nur labbrige Sandwiches, lieblos und pleite wirkt das, doch bei etwas weniger scheußlicher Bewirtung würde natürlich andererseits sofort ein wütender Sprecher des Kleinaktionärssonderschutzkomitees ein Wortmeldeformular am Wortmeldetisch abgeben und sich derartige Verschwendung verbitten. Ab 11:30 Uhr wird immerhin Bier ausgeschenkt. Die Aktionäre haben das Wort. Mundwinkel runter, Totschlagmetaphern raus: Herr Haffa habe ja nicht am Steuer gesessen in der turbulenten Zeit, sondern im Speisewagen, champagnertrinkend. Applaus, Applaus. Ja, sagt eine Dame draußen und beißt in einen ungetoasteten Salamiwitz, der Haffa, der hat ja auch immer nur Champagner getrunken. Drinnen werden Sonderprüfungen beantragt, es wird angeklagt und voll verstanden; am Aktienkurs ändert das nichts, aber die Einhaltung dieser Formalien beruhigt beide Seiten. Augen zu, und man wähnt sich beim Küchentischzerwürfnis einer Wohngemeinschaft über Telefonrechnung, Hauhaltskasse und Putzplan. Statt mit Studenten gefüllter Zweimeterkermits sähe man in diesem Jahr gern den Muppets-Ältestenrat Waldorf und Stadler in einer Loge sich über die Darbietung kaputtlachen.

Draußen beim Bier verfolgen die Aktionäre die Neubefüllung des Büffets (mit nun immerhin Weißwürsten) deutlich aufmerksamer als die Bild- und Tonübertragung der Redebeiträge. Eigentlich dachten alle, die Börse sei das große Geschäft. Jetzt wird man doch wieder nur übers Ohr gehauen, na ja, es ist inzwischen eher eine Art tägliches Pferderennen geworden (spielt eigentlich noch jemand Lotto?): „Du nun wieder, du mit deinen Fresenius", sagt einer kopfschüttelnd, und ein anderer: „Siemens, ich schwöre!" Der mit den Fresenius kennt jemanden, der mit Klatten studiert hat, aha, aber der ist doch „von der Kirch-Truppe", soso, noch ein Bier, jedenfalls: SAP. Sichere Nummer. Ich sag mal: Blue Chip. Und vergiss Penny Stocks. Nee, klar. Bei Moksel gab es jahrelang keine Dividende, in diesem Jahr auf der Aktionärsversammlung immerhin eine Salami. Bei der Allianz sogar Regenschirme, bei Hutschenreuther eine Porzellantasse, aber dafür nichts zu essen.

Die Aktionärsversammlungen sind die neue Form der Butterfahrt, bei der einem statt Heizdecken und Tafelservice eben eine Bilanz verkauft wird: „Haltet uns bei Sixt einen Platz frei!, wir kommen wie immer ein bisschen später", bittet das Ehepaar aus dem Allgäu die Hobbykomplizen aus Augsburg.

Auf ihrer Sammelstimmkarte kreuzt eine Dame mittleren Alters, deren „Rente der Haffa durchgebracht hat", 24 mal NEIN an. „Weil ich nicht einverstanden bin", sagt sie, holt ihr Deospray ab und geht nach Hause. Die machen ja eh, was sie wollen.

BÜHNENANWEISUNGEN 201

Der Kitschmillionär

Werner Metzen, Elton John, Ebby Thust und Rudolph Mooshammer haben einen gemeinsamen Sohn; die Mutter ist nicht weniger zwielichtig: unsere Zeit. Der Junge heißt Michael Leicher. Hin und wieder sieht man ihn im Fernsehen oder in Zeitschriften, dann hat er gerade eine Frau gekauft oder sucht eine oder war mit einer in Champagner baden. Als Bezeichnung seines Berufs hat sich der Begriff „Kitsch-Millionär" etabliert. Auf Fotos zeigt er gern seine erigierten Erfolgsdaumen, überhaupt zeigt er gern immer irgendwas vor: eine Frau, ein paar Autos oder einen Whirlpool. Leichers barocker Leib wird zusammengehalten von Phantasieuniformen, seine große Brille färbt ihm die Welt im Blauverlauf. Um sich hat er drei Leibwächter und einen Herrn Meier. Fragt man bei dem nach einem Interviewtermin mit Leicher, ist er sehr bemüht, „dass wir das eingestielt kriegen". Das kriegen wir hin, ich ruf sie zurück, ich habe ein Gespräch auf der anderen Leitung, da bin ich wieder, sorry, so, das sollte kein Problem sein. Eigentlich möchte man nur ein Interview, aber nach dem Telefonat hat man den Eindruck, gerade einen Gebrauchtwagen gekauft zu haben. Und zwar: supergünstig!

Während des Interviews mit Leicher führt Herr Meier, diskret kopfgebeugt, mehrere hundert Telefonate, im Ton überwiegend gönnerhaft, hin und wieder scharf, dann ist von Regeln die Rede und von Spaß, den schließlich alle haben wollten. Beim Einstielen muss Herr Meier immer fürchterlich husten, das kommt wohl vom Stressrauchen, gerade hat Leicher wieder eine Frau gekauft, zumindest behaupten das er, die Frau und deren Ehemann, Christian Anders, der Schlagersänger, der von dem Geld seine Schulden bezahlen möchte, weil er doch bald sterben muss, meldet er, und der außerdem – so ein Zufall aber auch – gerade eine neue CD herausbringt, was PR-technisch – Sachen gibt's – ebenfalls von Herrn Meier eingestielt wird. Viele glauben an eine PR-Finte, aber irgendwer hat eben angefangen, die so genannte Geschichte zu „bringen", und deshalb müssen nun alle mitmachen. Meiers Ohr glüht, die Lunge rasselt.

Leicher bestellt Rotwein und gibt schon mit der Bestellung („dann wäre das schon mal geklärt!") seine schwarze Kreditkarte ab, „die meines Wissens nur 15 Leute in Deutschland besitzen". „Lebenslauf und Vita", poltert Leicher weiter, könne man auf seiner Homepage nachlesen. Dabei, zwinkert der kontinuierlich mobiltelefonisch irgendwas einstielende Herr Meier, solle man unbedingt eine Sonnenbrille aufsetzen, so funkle die Seite.

Leicher trinkt zügig Rotwein und skizziert dann doch Vita und Lebenslauf. Eine Art Sonnenbrille für die Ohren wäre jetzt nicht verkehrt. Also: Vater irrsinnig reich durch Immobilien, Bruder doof, Vater auch doof, aber Genie, Scheidung, spanische Haushälterin bringt Leicher das Beten bei. 13 Jahre Arbeit im väterlichen Imperium als Immobilienverwalter, dann Ausstieg, seitdem gutes Auskommen durch Zinsen. Gutes Auskommen heißt, zusammengefasst:

35.000 Videokassetten, 600 Orgeln (damit „Europas größte Orgelsammlung"), 18 Autos. Ungefragt feuert Leicher Zahlen ab: Seine Brillengläser haben drei Dioptrien, morgens isst er sechs Eier und seine Cousine kann fünf Fremdsprachen und sein bester Freund hat schon vier CDs herausgebracht. Leicher selbst möchte auch eine CD vollorgeln, doch sei es dafür noch zu früh, mystelt er. Das Cover der CD hat er aber vorsichtshalber schon fertiggestellt: „Two Hands – zwei Hände zaubern ein Orchester". Aus seinem MCM-Handtäschchen klaubt er nun Beweisfotos und knallt sie in Bankenwerbungsmanier auf den Tisch: mein Haus, meine Yacht, meine Frau. Leicher mit Siegfried & Roy, Bärbel Schäfer, Jürgen Drews. Dann ein Haufen Schmuck, ein Schiff (wohlgemerkt: nicht seins, aber immerhin und tolle Sache: „die teuerste Yacht der Welt: 101,5 Meter lang, 400 Millionen Mark teuer"). Dann wieder er, er, er, und zwar mit: Franz Lambert, Prinz von Hohenzollern, Joy Flemming und vielen anderen, die wahrscheinlich sehr berühmt sind. Und so weiter: eine ehemalige Verlobte, Zlatko, die Jacob Sisters, ein Haus in Spanien. Seins? Wer weiß.

Das älteste Foto zeigt den ungefähr vierjährigen Leicher im Kindergarten: Drei Kinder liegen auf dem Teppich, nur Leicher steht, neben sich einen hohen Turm Bauklötze, und guckt in die Kamera. „Kameras sind das Tor zur Welt", erklärt Leicher und nimmt noch einen Schluck. Dann belehrt er die wissbegierigen Umsitzenden, Käse schließe den Magen.

Die schwarze Kreditkarte kommt zurück, Leicher lässt sich noch zwei Flaschen Rotwein einpacken – und los geht es, die Autosammlung zeigen! Eine Scheune im Ruhrgebiet, Leicher lässt seine Leibwächter das Tor öffnen, streichelt ein paar Autos, lässt dann das Tor wieder schließen. Bei der Weiterfahrt scheint sich der Rotwein zu melden, übergangslos quillt plötzlich ein erratisches Verschwörungspüree aus Leicher heraus: Bill Gates, Hitler, der Russe, Mallorca, Nagasaki, Hans Meiser, Indianer, der Papst, der Vater, das Internet! Jedes Geschichtsbuch lügt zu 95 Prozent! Irritiert guckt Herr Meier in den Rückspiegel und warnt: „Michael, das war aber dein letzter Espresso."

Leicher dirigiert den Wagen auf den Wattenscheider Marktplatz und zeigt dort auf einen Glasbetonkasten: Dies sei das zweitgrößte Privathaus des Landes, da wohne, perfekt getarnt, sein Vater. Mit Pool, Dachgarten, Atombunker und allem. Auf 6.790 Quadratmetern erstrecke sich seines Vaters Sensationssammlung: Orden, Gemälde, Dokumente – lauter Beweise. Etwa dafür, so Leichers Rotwein, wer die Weltkriege eigentlich angezettelt und wer Kennedy in Wahrheit umgebracht habe. Doch sei für diese Enthüllungen – ähnlich wohl wie für seine Orgel-CD – die Zeit noch nicht reif: „Mein Vater sagt, er könne das doch keinem Volk zeigen, das Bismarck für einen Hering und Hindenburg für eine Zigarettenmarke hält!" Klingeln und Beweise angucken sei jetzt eher schlecht, auf jeden Fall müsse aber klar sein, dass sein Vater „kein Nazi, bloß historisch versiert ist". Auch „Schröder und Kohl" wüssten doch, was etwa in Moskauer Archiven lagere, aber – „alle schweigen!". Leicher ist jetzt sehr erregt, Herr Meier wird nervös. Dass Käse auch den Kopf schließt, hatte er auch nicht gewusst. Leicher quasselt weiter: Es sei nicht zum Besten bestellt für „unser Land, es ist immer noch mein Land". Und er sei höchstselbst nach Auschwitz gefahren, man könne im Internet das Foto besichtigen: er auf den Schienen; auch habe er Wiesenthal besucht, das wüssten alle, aber die *Bild*-Zeitung würde das „auch in hundert Jahren" nicht drucken. Und trotzdem könne sman es nicht hinnehmen, dass die Deutschen, immer nur die Deutschen – lalala.

In Leichers Wohnung sieht es aus, als hätte jemand ein Elektrogeschäft und den Fundus eines Provinztheaters geplündert und daraus ein Mahnmal des Kapitalismus aufgetürmt. Stolz zeigt Leicher einen hochschwangeren Ordner mit Yellow-Press-Debakelmeldungen. Merkwürdigerweise auch dort abgeheftet: der Scheck, den doch angeblich Christian Anders – doch die Begründung dafür liegt wahrscheinlich in einem Moskauer Archiv.

Vier Abizeitungs-Redaktionsbesuche

BRAUNSCHWEIG

Die Redaktionssitzung findet in Christians Zimmer statt. Mindestens drei Julias gleichen Listen ab und reden durcheinander, natürlich fehlt es noch an allem, an Artikeln, an Fotos, an Geld, an Anzeigen, an Ideen – und an Zeit sowieso. Der Titel aber, das Motto der gesammelten Abschiedsbemühungen steht schon fest: „A2K – Der Moment gehört dir". Chefredakteurin Nina benutzt die Rückseiten langwieriger Erläuterungen über „Das mehrfache Integral" als Notizblätter und schimpft vor sich hin. Eine der Julias holt alle drei Minuten ihr mobiles Telefon hervor. Im letzten Monat hatte sie 943 Mark auf der Rechnung. In jedem Jahrgang gibt es so ein Weißejeansmädchen, das von ihren Eltern etwas unrealistisch budgetiert wird und vor dem alle ein wenig Angst haben. Mit dem Geld des Jahrgangs geht Julia deutlich sorgsamer um als mit dem ihres Vater, sie verwaltet die Etats und besorgt Anzeigen: Der Vater einer Freundin schaltet für 300 Mark eine Seite Werbung für Lasermanagement. Die anderen sagen

Na, ist doch was!

und versuchen so zu gucken, als wüssten sie, was das ist: Lasermanagement. Irgendwas mit Schönheit wohl. Ist ja klar – Julia. Die hat ein Leben, die kennt Leute! Arbeitet in einem Fitnessstudio, kennt eine Menge Cafébesitzer. Wird also schon werden mit den Anzeigen. So groß ist Braunschweig ja nicht, sagt sie. Die anderen nicken. Das Nicken sagt: Stimmt, Hannover ist größer. Julias Blick sagt: New York ist was anderes, Kinder. Und wenn die Ausgaben die Einnahmen übersteigen werden, legen einige Eltern was drauf:

Ich meine, sorry, sagt jemand, es ist ja nunmal eine Privatschule.

Was mit dem Sektempfang ist, fragt Christian.

Ja, sagt Julia, Problem! Der (es ist ja eine Privatschule) so genannte Sektempfang zwischen Zeugnisvergabe und Abiball kostet, Moment, Julia weiß es: 2000 Mark. Im Etat haben wir aber nur 500.

Was jetzt? Ah, so ein Glück, der Trainer der erfolgreichen Footballmannschaft Braunschweig Lions ist ein Freund von Julia, Wahnsinn, wen die alles kennt. Und der wiederum kennt etliche Sponsoren und ruft zurück, sobald er was weiß. Überzeugendes Problemmangement. Die anderen mögen Julia nicht, weil Julia ein bisschen zu toll ist. Aber dass sie das mit den Lions regelt, ist natürlich nett.

Sind 2.000 Mark nicht ein bisschen viel, muss denn das sein?, fragt jetzt Nina, die privat im Monat 200 Mark ausgeben kann, wenn sie Glück hat, flüsterte sie, als Julia die 943 Mark Handykosten in die Runde warf. Also (Julia ist jetzt sehr ruhig, bedrohlich ruhig, sie holt Luft und bleibt gemeinerweise freundlich):

Die Braunschweiger Stadthalle berechnet 36 Mark pro Sektflasche.

Ob man keine eigenen mitbringen kann, fragt Nina.

Genau, sagt Christian, in der Sporttasche!

Julia guckt nur. Der Moment gehört ihr – der Blick sagt alles, die anderen lieber nichts mehr. Bleibt bei 36 Mark. Dann fährt Julia zu ihrem (sicherlich älteren) Freund ins Krankenhaus. Wahrscheinlich hat er eine gesellschaftlich angesehene, chice Sportverletzung.

70 Seiten plant Nina im Moment. Probleme? Sebastian! Der beste Zeichner des Jahrgangs, derzeit stellt er einige Arbeiten sogar öffentlich aus. Aber Sebastian, heißt es einvernehmlich, sei faul. Ein Künstler eben. Eigentlich sollte er Buch-Cover und T-Shirt entwerfen. Um das T-Shirt haben sich aber vorsorglich eine der Julias und Sarah und Carolin gekümmert. Hinten kommen die Namen aller Abiturienten drauf, vorne das Motto. Das ist der Klassiker, vielleicht hätte Sebastian etwas Aufregendes hingekriegt, wahrscheinlich aber termingerecht gar nichts. Also die sichere Variante, und die teuerste: „Da druckt sonst Mercedes seine Shirts", ist zu erfahren. Es ist eben eine Privatschule.

COBURG

Auf dem Schulhof parken widerrechtlich Autos. Aber diese Autos dürfen das, statt KENWOOD klebt groß auf der Heckscheibe: ABI 2000. Schön, dass überhaupt noch jemand von denen zur Schule kommt, jetzt, da alles entschieden ist. Unterricht findet draußen statt oder gar nicht mehr, Lehrer spendieren Eis, alle verlieben sich ineinander. Wie harmonisch schon das geplante Abibuchcover ist: Die Abgänger heben zusammen lachend ihren auch lachenden Collegstufenleiter in die Höhe. Vier arbeiten tatsächlich nachprüfbar am Buch, die anderen sind bloß so da, wo sonst (Coburg eben), und plaudern. Auflage: 600 Stück, Abgabepreis 5 Mark, 100 Seiten, davon 20 Seiten Werbung. Es wird mit einem erwirtschafteten Plus gerechnet, alles im Plan. Die Griechenlandfotos können sogar farbig gedruckt werden. Seit 26 Jahren fährt jeder Abiturjahrgang dieses Gymnasiums nach Griechenland. Farbbilder allerdings gab es noch nie.

Der Deutsch-LK wird das Buch zum Schluss Korrektur lesen,

einige Artikel werden per Volksentscheid redigiert: Kerstin liest ein Porträt über den Deutschgrundkurs vor. Vereinzelt wird gelacht, aber eher, damit Kerstin nicht nervös wird. Wird sie jetzt doch, liest immer schneller, bricht dann ab, sagt:

Na, und so weiter. Der wird auch noch ganz anders. Da sind schon noch Hämmer drin.

Na gut, sagen die anderen.

Kerstin hat einen Schnitt von 1,0. Dem Deutschlehrer, sagt sie, sei „fachlich nichts vorzuwerfen". Aber menschlich? Aber menschlich.

Olli kommt auf den Schulhof und grinst und stöhnt, als wolle er gefragt werden, wo er denn jetzt herkommt. In Coburg Outlaw sein, geht so: Bunte Hemden tragen, komische Mischung sein aus Proll und Schlaumeier, ein paar Geheimnisse haben, eigentlich trotz allem ganz nett sein.

Chefredakteurin Anna sagt Hey, Leute.

Die Leute heben die Köpfe, sogar Olli. Anna wäre eine tolle Lehrerin, später mal. Wie ihr alle gehorchen! Denn sie wissen ja, dass es um ihr gemeinsames Buch geht. Alle so wahnsinnig vernünftig in Coburg. Ein letzter Lehrer verlässt winkend den Hof, die Schüler verbleiben aufsichtslos, da passiert nichts.

Nicht mal im Computerraum. Andy sitzt vorne auf dem Chefplatz, es sind doch wirklich immer dieselben Jungs; die, über die vielleicht in der 10. Klasse gelacht wurde, dann gestaunt, und jetzt sind sie zwar keine Mainstream-Stars, aber Respekt bringt ihnen jeder entgegen. Auch besser so, denn ein Tastendruck von Andy, schon fliegen sie aus dem Netz.

Die 100 Seiten werden termingerecht zum Belichten gehen können, die Projektleitung ist mit der Doppelspitze Anna und Andy optimal besetzt. Es gibt nur noch Feinarbeiten zu erledigen: Der Artikel über Caro etwa muss noch leicht umgeschrieben werden. Da steht im Moment noch, dass sie die längsten und gefährlichsten Fingernägel Coburgs hat.

Es gibt in Coburg sogar ein Abilied, entstanden in Griechenland, auf die Melodie von American Pie: „Bye-bye, griechischer Wein".

Wir habens vor Madonna gecovert!, ruft Olli. Sie lachen nicht über ihren, sondern mit ihrem Outlaw.

And maybe
They'll be
Happy
For a while.

HAMBURG-BERGEDORF

Katharina hat wirklich darum gebeten, die Porzellankanne nach dem Einschenken auf eine Unterlage und nicht auf die Tischdecke zu stellen, bitte, das muss gehen. Die Hamburger Abiturienten sitzen apfelwangig und klarköpfig um den Esstisch im Wohnzimmer des Chefredakteurinnenelternhauses. Maik, der Computerbeauftragte des Jahrgangs, hat zur pünktlich begonnenen, von der Chefredakteurin straff durchmoderierten Konferenz neue Typografievorschläge für die Titelblattgestaltung mitgebracht. Abiogenese wird dort stehen. Maik hat die verschiedenen Möglichkeiten mal ausgedruckt, die ursprüngliche war eindeutig am schönsten, finden die anderen.

Jan-Friedrich berechnet den Anzeigenkunden für eine Viertelseite 80 Mark, für die Belegung der Rückseite 600 Mark. Die ist noch zu haben, ohnehin gibt es erst neun Anzeigen.

Noch Tee?

Ja, aber pass auf!

Ich weiß: die Decke.

Die Druckerei ist übrigens unfähig, kein Wunder, die sitzt ja auch in Schwerin, sagen sie und lachen verschämt aber laut, wie über einen guten Behindertenwitz. Sind zwar konkurrenzlos billig, die Schweriner, haben aber nur das Programm QuarkXPress 3.0, und Maik arbeitet eigentlich lieber mit 4.0.

Ich kann nicht lachen und lesen gleichzeitig, sagt Christina, als sie den anderen einige so genannte Sprüche zur Endabnahme vorliest. Die anderen können aber bei den meisten Beiträgen nicht mal ohne zu lesen lachen:

Nicht wirklich!, befinden sie. Oh, Insider, lass mal gut sein! oder, der Gnadenschuss für jede Pointe: Muss man vielleicht dabei gewesen sein.

Um den Absatz der Auflage zu forcieren, wird erwogen, so wie der Jahrgang 1992 ein Präservativ auf das Buch zu kleben (nicht zu tackern, ist ja klar), jetzt mal ohne Scheiß, hört mal zu, Ruhe jetzt (es war gar nicht laut): Die aus der Mittelstufe haben das Buch damals gekauft wie blöd.

Der Tee darf nur zwei Minuten ziehen. Ihre gemeinsame Wardochschön-Fahrt führte die Hamburger in die Lüneburger Heide. Ein, und jetzt kommt's, Wellnessaufenthalt, ein verlängertes Wochenende in – doch, das kann man nicht anders sagen – angenehmen Bungalows. Keine Skandale, bis auf die Geschichten von der einen, die heißt Blasie und ist heute, komisch eigentlich, nicht da.

Wie heißt Blasie denn mit richtigem Namen?

Naja, sagen sie und lachen laut: Bratzie.

Reichst du mal den Kandis rüber?

Draußen schieben sich dunkle Wolken vor die eitle Sonne. Jetzt müsste mal jemand den Liegestuhl reinholen.

CHIEMSEE

Keiner da. Leere Zimmer, ein verwaister Hof. Die sind alle am See, sagt der Hausmeister. Wo denn da? Die finden Sie nicht. Ach? Die verstecken sich vor den unteren Jahrgängen, keine Chance. Der Hausmeister lächelt, als wüsste er über Orgien zu berichten. Doch er schweigt und fegt Zigarettenreste in den Rinnstein. Auf dem Schulhof ist Rauchen verboten.

Am See sieht es nicht nach Arbeit aus. Tausende Menschen, sicherlich auch Abiturienten, aber an Drucktermine oder Korrekturlesen denkt hier niemand, dazu scheint die Sonne zu sehr. Und nicht für die Schule, sondern für das Leben. Sagen ja auch Mosaiksteine auf vielen Gymnasiumsmarmorportalböden. Zwar in lateinischer Sprache, aber das können jetzt, hochschulreif wie sie sind, ja alle übersetzen. Fast alle. Gelernt ist gelernt. Das war's, es ist vorbei, bye-bye.

Schauprozess

Ein investigativ arbeitender Journalist muss sich im Dienste der Aufklärung in Gefahr begeben, muss ständig in Grenzbereichen wildern, lehrt uns das Privatfernsehen in seinen Reportermagazinen, in denen Laiendarsteller aufgeregt herumrecherchieren. Wenn die Kamera wackelt, das Bild unscharf wird, der Ton schlecht, dann, so lernen wir weiterhin, ist der Journalist gerade sehr mutig und der Schurke schon beinahe im Gefängnis. Für einen dieser aufrüttelnden Beiträge hatte sich ein Reporter der vom Dreiwettertaftbednarz Ulrich Meyer moderierten Sendung „Akte" mit Sagrotantüchern und hausordnungswidrig beigeführter Kamera auf 28 Klos des Berliner Reichstagsgebäudes eingeschlossen. Dort wischte und filmte er, eilte dann ins Labor – denn ins Labor eilen ist beim Reporterspielen immer ganz, ganz wichtig – und schließlich konnte Meyer mit ums Land besorgtem Blick den Bericht „Koksen im Bundestag" seines Reporters Lettmayer anmoderieren.

Hausherr Wolfgang Thierse, ein Freund symbolischer Handlungen, verhängte daraufhin ein einjähriges Hausverbot für den Reporter und auch für seinen Chef, den Herrn Meyer, dem man keinen größeren Gefallen hätte tun können, bot sich doch so die Gelegenheit, mal rasch den Bundestagspräsidenten zu verklagen. Schließlich bedeutete das Hausverbot, so Meyer, ein teilweises Berufsverbot, womit also offiziell ward, dass Meyer sich als Journalist versteht und keineswegs als Schmierenkomödianten. Nun mag der Fernsehzuschauer sich fragen, was denn Meyer, da die Klos einmal gewischt sind, so dringend für sein schmuddliges Karachomagazin im Bundestag recherchieren möchte, aber natürlich ging es nur ums Prinzip, und so erlebte man im Plenarsaal 0416 des Berliner Verwaltungsgerichts eine wunderbare Aufführung:

Als David die Herren Meyer und Lettmeyer, als Steinschleuder Meyers Steuerzahlerblick und seine so vortrefflich geheuchelte Sorge um die Pressefreiheit (also das Recht aufs Kloputzen); als Goliath der Staat, vertreten durch einen Anwalt, dem so viele formale Fehler und Versäumnisse nachgewiesen wurden, dass dem Prozesszuschauer bang wurde. Wer sucht denn die Verteidiger des Staates aus? Der von Herrn Meyer war viel eloquenter, sah auch besser aus, sprach laut, deutlich, fernsehtauglich – kurzum, als Zuschauer urteilte man, als wohnte man einer TV-Inszenierung bei. Vor der Verhandlung schon all die Kameras, nun vorn links der Herr Meyer, den man sich außerhalb des Fernsehens ja nun wirklich nicht vorstellen kann und will – und entsprechend sofasitznaiv und erdnussflipskaudröge begann man das Geschehen zu beurteilen. Schließlich war Gegenstand dieser Farce auch lediglich das Hausverbot, unberührt blieb die Frage, ob denn nun im Bundestag gekokst wird und ob darüber hinaus das unerschrocken wahrheitssuchende Aktereporterteam (dem es nach eigener Aussage doch darum ging, die Allgegenwärtigkeit von Drogenmissbrauch nachzuweisen) im Rahmen seiner Ermittlungen auch mal auf dem Redaktionsklo gewischt hat. Stattdessen zähes Schleifenziehen, narkotisierendes Spitzfindigkeitengetausche, ein ganz normaler Prozess, vollkommen langweilig.

Die Zuschauer fingen recht bald an zu flüstern, mit den Mägen zu knurren oder sonst irgendwie zu stören. Man wird doch von so Fernsehmenschen ein bisschen Show erwarten dürfen, etwas Drama, man hatte gehofft, Ulrich Meyer würde neue Beweise aus dem Koffer ziehen, jemand würde eingesperrt, die Todesstrafe verhängt oder wenigstens jemand rumschreien, so wie zwei Tage später bei Klaus Löwitsch. Da war mal was los! Aber diesmal: nichts. Zu loben ist allein die Sat1-Kostümabteilung, die Herrn Lettmeyer sehr gut hingekriegt hat: Er sah aus wie ein richtiger Reporter, mit Gelhaar, Hornbrille und Trenchoat. Am Nachmittag wurde das Urteil verkündet, Meyer und Lettmayer dürfen wieder in den Bundestag, und nun sind wir natürlich gespannt, was sie dort tun werden, die beiden Topjournalisten.

Wolfgang Thierse war klugerweise nicht erschienen, den Gefallen tat er Meyer nicht, er hatte schließlich auch schon vor Monaten, zwingend logisch im Fernsehen, das Hausverbot damit begründet, er könne „nicht zulassen, dass überall herumgeschnüffelt wird". Womit er natürlich in doppelter Hinsicht Recht hat.

Einen Abend nach der Verhandlung stand Ulrich Meyer wieder im Fernsehen herum, wo die Dramaturgie zuschauerfreundlicher ist, wo was passiert, und wo man vor allem umschalten kann, wo man dann auch Meyers Urteilsbeurteilung („Eine ziemliche Ohrfeige für die Juristen der Bundestagsverwaltung") bestaunen konnte und ihn wohl für seine Unermüdlichkeit loben und wiedereinschalten sollte, denn: „Für Triumphgeheul ist kein Anlass". Im darauf folgenden Beitrag sah man Lettmayer verkleidet als Madonna-Manager, wie er in einem brandenburgischen Dorf die Belegschaft eines Gasthauses verarschte. Madonna wolle dort essen, so Lettmayer unter seinem Cowboyhut, und nun solle bitteschön aufgeräumt und geputzt werden. Küche, Schankraum, Sanitärbereich, alles. Und so stand Lettmayer schon wieder mit Kameras in einem Klo herum. Offenbar ein Leitmotiv bei ihm. Dann kam endlich Harald Schmidt.

GRENZSCHUTZ 223

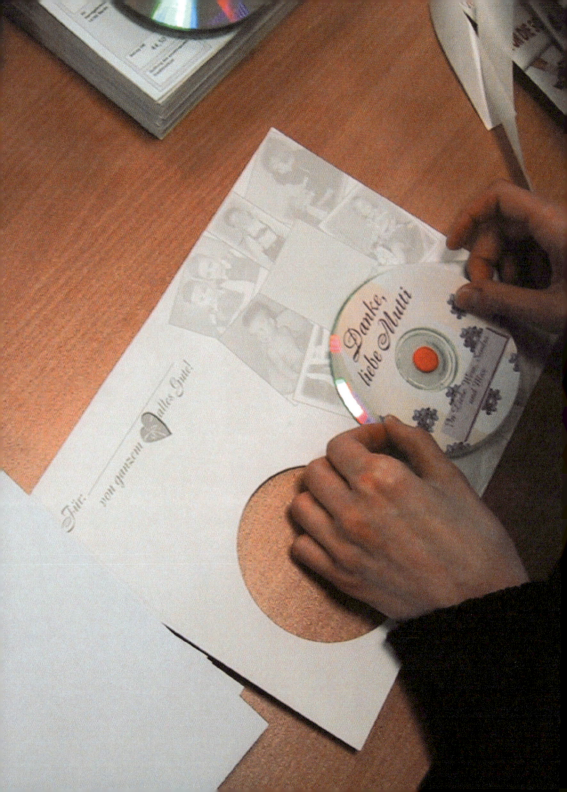

Muttertag

Es riecht wie im Puff. Mit routinierten Handgriffen konfektionieren zwei Mitarbeiter der Berliner Firma „Handgebrannt" Muttertags-CDs „für die liebe Mutti": Für den Postversand wird die beigelegte Glückwunschkarte mit Veilchenkonzentrat besprüht. Matthias Reim hatte diesen Dienstleistungs-Schallallalaschlager („Nun bist du Großmama und immer noch so fit/.../und der Opa, der hilft mit") vor Jahren für Bernhard Brink komponiert, und im Zehlendorfer Industriegebiet, zwischen Dampfwäscherei und Sonnenstudio, wird daraus „die ganz persönliche CD" für 39 Mark 50. Vor das Lied wird eine Sprachsequenz gesetzt, in der eine Whisky-Erbschleicherstimme den Namen der Beschenkten brunftet, dazu schwelt das Veilchenaroma aus der Litersprühdose – Muttertag eben.

Die überwiegend im Proletarier-Betäubungsprogramm Super RTL geschalteten Fernsehspots für diese CD zeigen Jugendaufnahmen von Bernhard Brink, dazu läuft das Lied, und den Zuschauern wird erklärt, wie es geht: Muttis Name auf CD! Jetzt anrufen! Geschenk! Muttertag!

Das hat nun sogar Stefan Raab kapiert, er bestellte in seiner Sendung eine CD für den Namen „Schlampe", denn das ist Humor.

Brink, gegen den sogar Jürgen Drews noch schmerzempfindlich erscheint, bölkte daraufhin, er mache „jeden Scheiß mit", und alle waren wie stets bestens gelaunt in Raabs großer MKS-Show.

Produziert hat das Lied Tom Müller, der im Berliner Hansa Studio früher mit Bowie oder Nina Hagen zu tun hatte und heute mit Frank Zander und dessen Sohn die Firma „Handgebrannt" betreibt. Jedes Produkt aus deren Sortiment, ob Muttertags-, Geburtstags- oder Hunde-CD, wirkt wie ein nach dem zwölften Bier geplanter Quatsch. Die Nachfrage ist groß. Gestartet hatten sie 1998 mit der Geburtstags-CD, für die Zander demnächst eine goldene Schallplatte bekommt. Natürlich sind die meisten Namen inzwischen einmal bestellt worden und müssen nur aus dem Archiv kopiert werden, aber immer wieder gibt es auch seltenere Namen, und beinahe täglich muss Zander deshalb ins Studio und dem lieben Soundso sagen, dass hier „der absolute Knaller" kommt, nämlich die ganz persönliche Geburtstags-CD, also: „Denk heut nicht an deinen Job/Der Goldesel kommt im Galopp".

Vor Frank Zander war noch niemand bereit, über 3.000 Variationen desselben Liedes einzusingen. Dass es so viele verschiedene Namen gibt, hatte er vorher wohl nicht bedacht, „aber da muss er jetzt durch", lächelt sein Sohn, und immerhin kam er damit auch in die Bibel der dezent Gestörten, für die Frank Elstner einst „Wetten dass?" erfunden hat: das Guiness Buch der Rekorde.

An einer Tafel im „Handgebrannt"-Büro werden säuberlich nebeneinander die neu einzusingenden bzw. einzusprechenden Namen von Geburtstagskindern, Hochzeitspaaren, Müttern und Hunden notiert. Wenn eine Spalte voll ist, geht es ins Studio. Mit dieser individuellen Form des Tonträgervertriebs ist „Handgebrannt" wohl die einzige Plattenfirma, die Schwarzkopiererei und Internettauschbörsen nicht fürchten muss: Eher amüsiert berichtet Markus Zander, dass auf Napster schon mal die Geburtstags-CD für Caroline angeboten worden sei, mit der natürlich beispielsweise eine Claudia wenig anfangen kann. Doch ganz so speziell, wie einige Kunden es wünschen, kann auch „Handgebrannt" nicht produzieren. In einem Ordner sammelt Zander die lustigsten Bestellbriefe, allesamt abgefasst auf mechanischen Vorkriegsschreibmaschinen: Eine Dame möchte im Geburtstagslied erwähnt wissen, dass ihr Bruder „aus dem Nichts eine Zimmertürenfabrik aufgebaut" hat und dass er für seinen Hund Max „durchs Feuer geht". Ein anderer Gratulant nennt die Eckdaten „nach Stasi-Marathon 1985 umgesiedelt, stolzer Hausbesitzer, liebt die Berge und seine vier Enkelkinder (alles Mädchen)", und für „die Frau eines Försters" mögen bitte „Jagdsignale oder Hörnerblasen" verwendet werden. Selbstverständlich ist das nicht möglich, aber jeder Name. Am schwersten fallen Zander die zahlreichen tschechischen, aber auch da muss er durch, wenn er Spots bei Super RTL schaltet.

Das Geburtstagslied klingt, als sei es beim Betriebsfest einer Kreissparkasse aufgenommen, weit nach Mitternacht. Im Hintergrund hört man Flaschen klirren, die Menschen rufen „Hurra!", und Zander gelingt so offenbar der perfekte Kleinbürgerehrungssoundtrack: „Lass uns bitte noch 'n Stück Torte übrig", raunzt er am Ende des Liedes, und nicht selten bringt die Paketpost Zander solitäre Restkuchenstücke. Auf der Glückwunschkarte grüßt Zander mit einem seiner sogar für Jürgen von der Lippe zu bunten Hemden und einem Glas Sekt, denn heute wollen wir mal alle Sorgen vergessen. Man sieht die hinterm Lärmschutzwall in Ballonseide powerwalkende Hauptzielgruppe vor sich, wie sie angeschickert auf Feigenschnaps und Luftschlangen ausrutscht und in einer dunklen Ecke hinter dem Keyboardturm des schwarzarbeitenden Alleinunterhalters die Zunge in einen fremden, nach Kartoffelsalat riechenden Hals steckt. Dann ist die Party auch schon bald zu Ende. Und bald wieder Muttertag.

Berlin-Umzug

1. TAG Bisschen viel auf einmal: neuer Beruf, neue Aufgabe, neue Lebensphase, neue Stadt, neue Bushaltestelle, neuer Rhythmus, neue Weckstimme im Radiowecker, neue Telefonnummern, Freunde, Probleme – und all das Alte verharrt derweil geduldig besserwissend in der Erwartung, einspringen zu dürfen, wenn Not am Mann ist und Erfahrung die Verwitterung egalisiert; vergleichbar mit altem Eisen aller Art, Alterspräsidenten etwa, Klapprädern oder Reiseschreibmaschinen.

Sandra Maischberger hat die Angelegenheit aber so weit im Griff, ja, diesen Eindruck vermittelte sie noch stets, ob ganz früher in Jugendtalkrunden im Bayerischen Rundfunk oder etwas weniger früher in Greisentalkrunden an Böhmes Seite; als Moderatorin von Greenpeace TV wie auch als Spiegel-TV-Interviewerin oder Verantwortliche für den regelmäßig einzigen zu Recht so genannten Text in 300 Seiten Glanzmüll namens *Amica*.

Außerdem im Griff: Gepäck und ein wegweisendes Willkommensfax vom neuen Arbeitgeber. Das Gepäck ist für zwei Wochen kalkuliert, die Hamburger Wohnung bleibt Zweitwohnsitz für erstens alle Fälle und zweitens all das Zeug. Das Fax: genauer geht es nicht, da fehlt nichts, nicht mal fromme Wünsche von der Sendeleitung. Maischberger zieht ihren Samsonite-Stewardessenrollkasten hinter sich her über den Heinrich-Heine-Platz, folgt der Fax-Wegbeschreibung und sieht nicht ängstlich aus. Obwohl sie allen Grund hätte, man hört ja so viel: Hauptstadt, alles neu, alles groß, Tempo, Tempo, und teuer soll es sein, ungefährlich sowieso nicht. Hilfe!

In Berlin neu anfangen, sich alles zusammensuchen müssen in kürzester Zeit und dann auch noch täglich im Fernsehen bestehen müssen, obendrein mitten im Winter, das ist ein Kaltwassersprung, Himmel, das klingt wie sofortige Rettung der Weltmeere als Zielvorgabe, wenn man es sich so überlegt. Oder verantwortlich sein für soziale Gerechtigkeit weltweit, und morgen muss der Abschlussbericht vorliegen. Aber langsam. Erstens hat sie früher schon mal in Berlin gelebt und kann durch die Stadt gehen und großäugig Herumirrende beeindrucken mit solchen Profisätzen: Da drüben war mal/Ist nicht das die Verlängerung von/Wenn man hier immer geradeaus geht/Vor der Wende gab es hier noch/In der Nähe habe ich damals immer. Kein Problem. Sandra Maischberger kommt zurecht, findet den Weg. Da, ein Bäcker, eine Reinigung, ein Kiosk, ein Geldautomat, alles beisammen. Die neue Stadt ist dann ja doch nur: dasselbe in Grün. Erst mal geht alles so wie überall. Erst wenn aus der Flut des Neuen fein geädert wiedererkennbare Muster hervortreten, ist der Neuankömmling in der Lage, zu entscheiden zwischen Ankerbereitschaft und Fluchtplänen. Um sich unwohl zu fühlen, ist man aber zunächst gottlob schlicht zu überfordert.

Der Sender n-tv hat für Sandra Maischberger ein Appartement gemietet, von dem aus sie sich dann eine Wohnung in Berlin suchen soll. Muss, kann, darf? Wird. Zehn Tage, aber zunächst in Appartement Nummer 303. Rückwärts zählen, vorwärts blicken. Und wie heißt wohl die Parzelle, die jener Sender mit den durchs Bild laufenden Aktienkursen seiner Moderatorin reserviert? Nun, diese gewiss lieb gemeinte beigefarbene Keimfreihölle heißt natürlich „Management-Suite" und ist eingerichtet wie das Weltbild von Peter Hahne. Überhaupt keine Fragen. Alles an seinem Platz. Ganz schwierig, hier wohnend auf sich aufmerksam zu machen. Zeugnis abzulegen, Existenz einzuritzen. Wir kommen täglich zum Aufräumen, sagt die Dame an der Rezeption noch, bevor Frau Maischberger den rätselhafterweise mit 17 Personen belastbaren Fahrstuhl besteigt (denn wer würde je auch nur zu zweit hier einkehren wollen?). Das klingt drohend. Auch dass die Wäsche gewaschen werden könne, Post, Anrufe und Faxe angenommen und beantwortet, Einkäufe und, ach, im Grunde eigentlich alles erledigt werden könne, alles da sei, was man brauche. Alles, was man braucht, ist demzufolge:

Diverse Sorten Einpersonenheißgetränkzubereitungspulver. Ein Grundig-Fernseher, eine Grundig-Stereoanlage.

Da sagt Frau Maischberger: Kein Pürierstab, aber ein Fön!

Ein AEG-Ökofavorit, eine Flasche Gerolsteiner im Kühlschrank (3 Mark 50 und Herzlich Willkommen, sagt ein Pappkärtchen). Besteck und Geschirr jeweils in zweifacher Ausfertigung, falls man sich verliebt oder bloß nicht gerne abwäscht. Eine Pfanne, ein Bild vom Gendarmenmarkt, ein Sieb. Ein Soßentopf, ein Bild vom Schauspielhaus, ein Spaghettitopf.

Da sagt Frau Maischberger: Keine feuerfeste Lasagneform!

Vielleicht fehlt wirklich nichts Wichtiges. Irgendwas aber stört hier. Richtig, der Mensch da. Frau Maischberger. Macht gleich alles unordentlich. Nett. Die einzige Möglichkeit, hier zu überleben. Braunen Samtschal auf den Tisch werfen, Koffer in die Wohnzimmermitte wie ein Lagerfeuer, und dann auspacken, verstreuen und aufhängen, aber nicht sich selbst, obwohl der Ausblick dazu einlädt: Hinterhöfe, aber nicht die aus Chansons, sondern die echten. Die mit alten Reifen, Fahrradwracks, müllgefüllten Pfützen und langweilig bemalten Dreckswänden. Vorhang wieder zu, dann eben nicht rausgucken.

Tagsüber würde man Helligkeit und Großzügigkeit attestieren, jetzt am Ankunftsabend wirkt es bloß wie ein moderner Terroristenunterschlupf. Ob hier schon mal jemand gewohnt hat, gelebt, geschmutzt, geraucht? Keine Spuren davon. Beruhigend und auch nicht. Ganz still ist es. Angenehm und unwahr. Es ist praktisch, es ist ideal, es ist zum Verrücktwerden. Bücher gibt es hier auch, aber nur solche, die keiner klauen mag und lesen schon gar nicht; bloß das zum Lesen, was ein Bild vom Gendarmenmarkt zum Angucken ist.

Frau Maischberger bei der Expressdomestizierung:
Direktdurchgang vom Schlafzimmer ins Bad!
Eckgarderobe mit Heizstäben wie im Skiurlaub!
Ähnlicher Tisch wie zu Hause!
Ich hatte noch nie eine Mikrowelle!
Das ist doch wirklich sehr okay hier!
Das Bett sieht gemütlich aus!
Ich könnte mich dran gewöhnen!

Kofferauspacken. Das vom hier lebenden Bruder geschenkte Buch „Berlin: offene Stadt" streicheln. Rührende Kitschsequenz. Gute Stadt, gute Nacht.

2. TAG Sandra Maischberger hat ausgezeichnet geschlafen in ihrem vorübergehenden Berliner Zuhause, dem Appartement 303, auch wenn die Bettdecke etwas zu klein ist – der erste Arbeitstag der neuen n-tv-Moderatorin beginnt ausgeruht. 18 Mark und eine

Quittung bitte, Taubenstraße 1, das Büro, Wiegeschritt auf der rotgrauen n-tv-Fußmatte und vorbei an den Pförtnern, über denen Uhren hängen: In Tokyo, London, Sydney und Moskau geht nämlich auch die Post ab. Gutes Stichwort, Sandra Maischberger trägt seit 24 Stunden einen Brief durch Berlin. Suchen, suchen, so werden die Tage vergehen, Briefkasten, Joggingstrecke und eine Wohnung, bitte. Am 20. Januar findet im Planet Hollywood das n-tv-Mitarbeiterfest statt. Schöner Antagonismus: Herzlich eingeladen (ohne Begleitung). Viel herzlicher ist der Empfang jenseits der Brandschutztür im 5. Stock. Blumenstrauß, Händeschütteln, Farbgeruch, Alles-Gute-Faxe. An den Bürotüren steht der Name der Sendung, der ja ihrer ist, die ja ihre ist, also: Maischberger. Ein Redakteur benutzt einen Medienkontor-Notizblock – Scherzbold oder Spion, schließlich ist das die Firma von Sabine Nachhakfrage Christiansen.

Neben Sandra Maischbergers neuem Schreibtisch liegen auf dem Boden alle wichtigen Zeitungen und *Die Zeit*. Blickt sie aus dem Fenster, sieht sie den Fernsehturm. Blickt Maischberger in den Kühlschrank, findet sie einen Becher Zott Starfrucht-Joghurt Heidelbeere, einige Kartons haltbare Vollmilch und Tip Grapefruitsaft. Blickt sie auf den Kalender, wird ihr schwindelig: Das Mindesthaltbarkeitsdatum des Heidelbeerjoghurts ist das des Appartements: 21. Januar! Maischberger verlängert um zehn Tage (ihre Appartementexistenz) und verkürzt auf neun Löffelhübe (des Joghurts Existenz). Dann zum Friseur, einem im Westen der Stadt praktizierenden Augsburger, der in London zu lernen angibt, ja, angibt. Wäre er mal in Augsburg geblieben. Frau Maischberger ist nicht zufrieden mit dem Haarschnitt, die Friseursuche wird fortgesetzt werden müssen.

Zurück ins Büro. Ein erster Autogrammwunsch: Andy aus 96104 Ebern. Im Hamburger Keller liegen noch RTL-Karten, in der

Laptoptasche fliegt noch eine Spiegel-TV-Visitenkarte herum. Es fahren ja auch noch Trabbis durch Berlin. Auf dem Schreibtisch stapeln sich die Dossiers der ersten Sendewoche: alles über Fischer, Rüttgers, Elstner, Kinkel. Zur Vorbereitung ihrer täglichen Talksendung hat n-tv Sandra Maischberger kurz vor Weihnachten nach Washington zu Larry King geschickt. Der war eine halbe Stunde lang sehr nett und hat ihr – und da waren sie sich schnell völlig einig natürlich, na sicher – gesagt, Neugier sei das Wichtigste. Dann musste er Stephen Hawking interviewen. Neugier nach so vielen Jahren findet Maischberger beneidenswert, genau wie Larry Kings Hosenträger: so simpel, so Markenzeichen. Sandra Maischberger möchte gerne aussehen wie französische oder italienische Moderatorinnen, sagt sie, kompetent und trotzdem wie eine Frau. Sagt sie! Männer hingegen usw.

Erste Proben im Studio und eine sehr entscheidende Frage: Wo sitzt die Moderatorin, links oder rechts? Links ist besser, heißt es, da schlage das Herz des Zuschauers, ja, tatsächlich, alle säßen links, müsse man mal drauf achten. Harald Schmidt allerdings – na ja, allerdings. Ach so. Also links? Links sitzend baumeln die neu geschnittenen Haare vor Maischbergers Gesicht herum. Umscheiteln, umsetzen, es ist sehr kompliziert. Dann wird telefonisch Essen beim Asiaten bestellt, weil man das so macht in so Firmen.

Die Türklingel des Appartements 303 funktioniert nicht. Morgen fährt Maischberger nach Spandau zum Sendungskleidungskaufen. Mit, das gibt es, einer n-tv-Stilberaterin. Sandra Maischberger möchte nicht 184 Kostüme kaufen für 184 Sendungen im Jahr, sie möchte die lieber geliehen bekommen oder leasen oder so, denn was soll man mit 184 Kostümen. Also wird ein Ausstatter gesucht. Und ein Friseur, wie gesagt. Ein so genanter Stammitaliener wurde schon gefunden, in der Kochstraße. Zweimal da, zweimal lecker. Aber teuer. Aber lecker. Noch ein Aber: Gestern war Beate Wedekind

auch dort. Also noch mal überlegen, sagt Sandra Maischberger.
Dann fallen ihre Haare vors Gesicht.

Chor: Es wird viel passiern
      Nichts bleibt mehr gleich
      Nicht bleibt beim alten
      Wie gehabt

Kultursponsoring

„Ein wunderbarer Unfall, seht nur", freut sich der Aktionskünstler HA Schult und klopft begeistert gegen das Busfenster. Auf der Kreuzung hat es gekracht, einige ratlos gestikulierende Chinesen stehen um drei kompliziert ineinander verkeilte Volkswagen herum. „Was für eine Skulptur", schwärmt Schult. Ein wunderbarer Unfall: macht Lärm, stört und zieht Schaulustige an. Folglich gefällt er Schult, dessen Kunstaktionen auf genau diese Wirkung abzielen. Ob die mit Ikonen-Porträts dekorierte Hochhaus-Ruine, der zugemüllte Markus-Platz, ein auf einer Müllkippe abstürzendes Flugzeug oder ein vergoldetes Flügel-Auto vor dem Kölner Dom – an neuralgischen Orten inszeniert Schult seit Jahrzehnten pädagogische Kleinstnenner-Fanale, seine Kunst besteht im Brimborium. Man redet über irgendeine Stadt und Schult wirft beiläufig ein: „Da habe ich mal ein Auto an die Kirche gehängt."

Diesmal sind es 1.000 aus Müll gestaltete Figuren (Wohlstandsgesellschaft! Achtung!), die Schult nach Stationen in Xanten, Paris und Moskau nun auf die Chinesische Mauer stellt, und demnächst auch auf eine Ölbohrinsel (Rio de Janeiro), die Friedensbrücke (Hiroshima) und in eine Stierkampfarena (Barcelona). Da wird die Welt schnell zu klein, und deshalb wird eine Miniatur-Müllfigur bald schon auf den Mond geflogen. Mehr als der aufdringliche Symbolgehalt der Aktion wird – so ist es immer bei Schult – die Menschen die Frage beschäftigen, wie er das nun wieder hingekriegt hat. Das China-Kunstwerk „The Great Wall-People" hat – so ist es immer bei Schult – die Industrie ermöglicht. Schults großes Talent ist es, Vorstandsvorsitzende weich zu reden und Etats lockerzumachen. Er macht den Hampelmann, installiert irgendwas, Bilder davon gehen um die Welt – und gut ist's.

Den Transport der 1.000 durch dankenswerterweise von der Firma Henkel („Gabriele kenne ich gut") bereitgestellten Montageschaum zusammengehaltenen Altmetallfiguren erledigte die Post-Tochter Danzas. Auch das von der Kirche hängende Auto war eine Sponsorengabe, Schult benötigt also die Verursacher der Weltzerstörung, gegen die er mit seiner Kunst protestiert (so sieht er es selbst), für die er zugleich wirbt (so muss er es den Firmen verkaufen). Bezeichnenderweise platzieren Medien die Berichterstattung über Schults Aktionen nicht im Kulturteil, sondern in der für auffällige Bilder stets dankbaren Rubrik „Vermischtes". Man könnte auch Gewurschtel dazu sagen, und wenn man Schult fragt, wie er nun genau die Erlaubnis bekommen hat, wen man da in China so alles fragen muss, dann winkt er ab, hebt die Schultern und reibt den Zeigefinger am Daumen. Schult lebt in Köln und hat auch in Moskau Unfug treiben dürfen – ganz gleich, ob man honorarpflichtige Willkür dann Klüngel oder Mafia nennt, sich damit zu arrangieren versteht Schult ganz offensichtlich. „Das ist meine Kunst", bekennt er, „das lernt man im Gegensatz zu Töpfern auf keiner Akademie."

Sogar den vollkommen lethargischen Busfahrer gewinnt er im Handumdrehen: „You are a star, go! go!, wonderful", feuert Schult ihn an, und plötzlich rast der in waghalsigem Slalom durch den Pekinger Berufsverkehr, bis zur Mauer.

Am nächsten Tag wird Schult dort seine Einwegarmee der lokalen Presse präsentieren, zwei Tage später kommen Journalisten aus aller Welt, denen er erklären wird, dass wir im Trash-Zeitalter leben, dass wir Müll produzieren und selbst Müll werden und dass also deshalb diese Figuren hier stehen. Der Pomp der Inszenierung lässt dem Betrachter keinen Millimeter Eigeninterpretationsmöglichkeit, und das macht Schults Kunst – so global bzw. demnächst ja sogar intergalaktisch er sie auch aufführt – eben so zutiefst rheinländisch. Der jeweilige Anlass ist schnell gleichgültig, Hauptsache Volksfest.

Als in Moskau nach zähem Anlauf das Werk vollendet war, wollte plötzlich auch der deutsche Botschafter mitprosten, der Schult im Vorfeld nicht mal zurückgerufen hatte. „Wenn es was zu essen gibt, kommen die Wichser", weiß Schult.

Vorher kontrolliert er ein letztes mal den Stand der Dinger. Wie „Der Durstige Mann" auf der natürlich auch verarbeiteten Tuborg-Dose steht Schult erschöpft am Mauerhang, die Knie tun ihm weh vom dauernden Hoch und Runter, und schon wieder klingelt das Telefon. Wie jeder subventionierte Künstler ist Schult umgeben von einem Wust unselbständiger Nervensägen: Die Basis in Köln meldet einen Computerabsturz, kurz darauf erkundigt sich jemand, ob er einen Pullover mit nach China bringen solle, wie so das Wetter sei und ob es reiche, vor Ort Geld zu tauschen.

Werbeunterbrechung: Im neuesten, traditionell unkomischen Post-Werbespot stehen die beiden Gelbaktiensupernasenbrüder Gottschalk auf der Mauer und finden das allerhand; sich selbst zunächst, und dass außerdem die Figuren bis nach China geschickt werden konnten. Es ist Betrachtungssache, ob nun die Kunst sich in die Postwerbung geschlichen hat oder umgekehrt. Es profitieren beide. Relativ sogar die chinesischen Hilfsarbeiter, die den Müll schließlich aus den Containern heben und auf die Mauer tragen: Sie haben gelbe Mützen geschenkt bekommen und erhalten pro getragenen Müllmann ein paar Pfennig Lohn. Go! Go!

Ende August wird jeder Bundesbürger von Schult gebeten werden, sich in Form eines Liebesbriefes an seinem nächsten Projekt, dem „Loveletters-Haus", zu beteiligen, einem – so Schult – „Denkmal der Gefühle". Und wie kontaktiert er die Bürger? Na? na? Ja: per Post. Wer den Brief in den Müll wirft, sollte nicht zu sicher sein, damit nicht zu einem anderen HA-Schult-Kunstwerk beizutragen.

242 DEUTSCHES THEATER

BUNDESGARTENSCHAU 243

Politisches Kabarett

Als Gebührenzahler sollte man hin und wieder ein öffentlich rechtliches Sendezentrum besuchen. Es macht danach tatsächlich wieder mehr Spaß, Gebühren zu zahlen. Wie charaktervoll diese Bauten wirken im Gegensatz zu den feuerwehrgaragenartigen Privatsenderstudios in den Gewerbegebieten, vor denen Reisebusse im Minutentakt Applaudierhundertschaften auskotzen, und allzu bunt gekleidete, scheinselbständige Hysteriker Coca-Cola-Light-trinkend keine Sendungen betreuen, sondern „Konzepte umsetzen", kompliziert reglementierten Schwachsinn in Serie, der ordentlich knallt im Fernsehen, aber für den Livezuschauer vor Ort immer ernüchternd ist. Man sieht so schlecht, der Moderator spricht ja nicht zum Publikum, sondern in die Kameras hinein, und dann ist es schon vorbei, und man hatte gedacht, es kommt noch was – was genau das hätte sein können, wusste man allerdings auch nicht. Auf dem Weg zum Parkplatz kommt einem schon die nächsten Kulissenkolonne entgegen. Na ja.

Als Zuschauer von Dieter Hildebrandts Scheibenwischer ergeht es einem völlig anders, die Veranstaltung wäre sogar ohne Kameras denkbar, man darf sich auf einen normalen Stuhl setzen, der angenehmerweise über keinerlei Interaktionsvorrichtung verfügt, der Stuhl wird während der Sendung nicht hoch oder runter sausen, kein Abstimmknopf muss gedrückt werden, man wird sich nicht auf der Bühne mit der Stiefschwester vertragen, keinen Dampfbügelautomaten mit nach Hause nehmen, keine Geldkoffer anwinseln müssen, niemanden heiraten, muss keinmal sagen, wie man sich fühlt, und auch nicht, dass man mit vielem, damit aber nicht gerechnet hätte. Man kann einfach so dasitzen. Es kostet sogar Eintritt!

In der Pförtnerloge sitzt keine gut gelaunte Zumutung, auch kein schinkennackiger Securityschnäuz, sondern ein herkömmlicher, graubrotkauender Stahlstegbrillenherr mit Vorstopperblick, vor sich ein NICHT tragbares Telefon, den Sportteil eines Drecksblattes, Thermoskanne, neben dem Wandkalender kleben lustige Kollegenurlaubspostkarten. Festangestellte passieren grüßend, pro Sendung 37 Redakteure, keine Headsetallzwecknichtskönnsatinhosen, und sie nennen den Pförtner beim Namen, weil das unarrogant wirkt.

Das Scheibenwischerpublikum hat nun an den Tischchen Platz genommen, wer keinen Stuhl abbekommen hat, könnte sich mit einem Trick behelfen und rufen: „Alle Lehrer mal bitte aufstehen", dann würde ordentlich was frei. Das politische Kabarett gilt als erledigt, aber wer oder was tut das nicht. Also muss man die Dinge immer wieder neu überprüfen. Was genau ist nun so ermüdend am Scheibenwischer, warum ist die Sendung so irrelevant? Geht es da nicht, dort wenigstens noch!, um was? Die Erwartungen des Publikums und die Absichten der Aufführenden sind doch durchweg guter Natur! Und trotzdem ist jede Quizsendung politischer.

Die Bühne ist unheilkündend vollgerümpelt mit sprechenden, ja schreienden Requisiten, einem Sonnenschirm für den Kanzler-im-Urlaub-Sketch, einem Globus wegen der Globalisierung, der alten Sau, einer Mistforke für den Landwirt und einem Babytelefon für die Bürokratenverarsche, um also hineinzubrüllen, ins Babytelefon, man sei nicht zuständig, und der Kollege zu Tisch, jawohl. Bruno Jonas bittet Jürgen am Klavier, so a jazzige, ganz a schräge Nummer noch bis zum Start der Livesendung hinzulegen, Jürgen klimpert, Prösterchen, Wein gab's am Eingang gratis.

Dann stottert Dieter Hildebrandt los, und die Pointen erlauben es dem Zuschauer, sich aufs Daumendrücken zu konzentrieren, Daumendrücken, dass Hildebrandt diesen vor ein paar Minuten begonnenen Satz – und dann, äh, also, jedenfalls, sagt also der Schröder, nein!, hallo, und da fragt man sich natürlich, nächster, ganz a jazziger Tusch, der Pianist hat ja den gesamten Text vor sich liegen, schließlich wurden all die Lesebrillenwitze mehrfach aufs Wort genau geprobt, also hebt er kurz vorm Stichwort den geröteten Kopf, und sie dengeln los, Applaus, Jawohl! So ist es! Endlich sagt es mal jemand! Wer nicht klatscht, wählt CDU.

Mützen aufsetzen, Dialekt imitieren, Debatten in den Sandkasten verlagern – die Kritik-Instrumente des Scheibenwischers, die das ohnehin schon Lächerliche ins Lächerliche ziehen sollen, sind unerträglich borniert, alles Dampfgeplauder mündet in frustriertem Gelalle, in einem konsensseligen Kopfschütteln über die da oben, die sie ja nicht mehr alle haben, und der kleine Mann zahlt die Zeche, die CSU ist betrunken, Scharping eine Null, Westerwelle und alle anderen auch: Witzfiguren!

Ja doch, ist ja schon gut. Wenn die Kritisierten mit dem Fallschirm in Fußballstadien springen und nichts sagen, bloß „18!" schreien, wenn ihre einzige Wahlkampfidee ist, schwul zu sein und Pandabären zu retten, dann muss doch die Kritik umso ernsthafter sein. Stattdessen ist auch bei Dieter Hildebrandt das Rabattgesetz gefallen, billiger waren die Späße nie.

Wir schlagen die Beine übereinander, trinken den viel zu gelben Wein und gucken minütlich auf die Uhr. Einer geht noch: „Der amerikanische Präsident klopft auf den Busch!" Nein so was. Gerhard Schröder raucht Zigarre. Hu, heißes Eisen, hier wird angeeckt, hier werden unbequeme Wahrheiten serviert. Jürgens Schlussgejazze ist sehr schräg. Aber das SFB-Gebäude ist trotzdem schön. Im Ernst. Genau dort.

Gastspiel

Der Artist auf dem Trapez wird von seinem Publikum weniger für erlernte Geschicklichkeit als für anerzogenen Mut bewundert. Je größer das eingegangene Risiko, desto tosender der Applaus; sich dem Drama gefährlich zu nähern, um ihm schließlich triumphal zu entkommen, das ist der Auftritt „ohne Netz" – im Zirkuszelt ebenso wie in der vernetzten Welt. Kein Netz zu haben, heißt, potenziell zu verschwinden. Wie einen Schnorchel recken Besitzer von Mobiltelefonen die Antennen in die Luft, vor allem in unbekannter Umgebung, und die standardisierte Gesprächsbeginnfrage lautet nicht mehr „Wie geht's?", sondern nunmehr „Wo gehst du?" Und ein Funkloch ist heutzutage ein deutlicher Standortnachteil. Wer kein Netz hat, ist nicht existent. Das Gerät bescheidet „Keinen Empfang", unmöglich ist somit auch das Gegenteil, das Senden. Die Mär von der so genannten „Erreichbarkeit": Die Welt käme ohne einen aus, keine Frage, bloß umgekehrt wäre es schwierig. Hallo, Hallo! Hallo?

Der Theaterregisseur Christoph Schlingensief steht in der Wüste. Er hat kein Netz, aber er sendet. Denn die Bühne, auf der er inszeniert, befindet sich dort, wo das Stück spielt. In der Vergangenheit waren das u. a. Wahllokale, Fußgängerzonen, Polizeireviere, Fernsehstudios oder der Wolfgangsee. Die Berliner Volksbühne ist so genannte Kostenstelle, nicht aber Austragungsort der Schlingensiefschen Stücke. Die Welt ist es, die die Bretter bedeutet.

Nun also die Wüste Namibias, ehemals Deutsch Südwest, hier endet mit dem Jahreswechsel 99/2000 Schlingensiefs Projekt

„Deutschlandsuche" zielsicher dort, wo wie in einem Deutschlandmuseum Klischees dieses Landes angehäuft sind. Im direkten Vergleich versprühte das Vereinsheim eines schwäbischen Kegelvereins internationales Flair. Schlingensiefs Idee: eine Art Freistellungsantrag, umtrieben auch von der Frage der Stunde, danach, was bleibt, ist diese Suche wie immer bei ihm auch eine Vereinfachung, die zugleich veranschaulicht und der Groteske zuarbeitet: Die urdeutsch erscheinenden Fundstücke, Straßennamen, Sitten und Gebräuche wirken besonders durch den Kontrast zu den Erwartungen eines Afrikareisenden. Mitten in der Wüste heißt ein Blumengeschäft Blumen Margot – der Namibiareisende muss bizarre Wahrnehmungsdiversifizierung betreiben und wird schnell zum Verschwörungstheoretiker, wenn Schlingensief in der „Pension Christoph" einkehrt und in der Nähe der Wagnerallee tatsächlich ein „Schröder-Haus" steht, das garantiert nichts mit dem derzeitigen Kanzler zu tun hat. Oder doch?

Der Regisseur hat diesen letzten Akt mit fünf Begleitern besetzt. Jeder von ihnen spielt eine Rolle in Schlingensiefs Stück, einige auch in seinem Leben, auch wenn er das Private laut Eigenauskunft eigentlich abgeschafft hat; wahrer ist: er hat es ausgeweitet. Die Zusammenarbeit mit diesem Regisseur ist für den Mitreisenden oder auch Mitspieler (je nachdem) Überforderung und Zumutung. Das ist das Konzept. Man konnte sich nicht vorbereiten, keinen Text lernen, keine Angst durch Übung mindern, denn das Stück entsteht erst während der Uraufführung. Das kann nicht nur, das muss scheitern – und spätestens dann wird es interessant. Denn ein Ende gibt es nicht. Jeder hat sein Textchen zu tragen, dies die Arbeitsanweisung, man muss bloß die Starttaste finden. Der Regisseur hilft dabei und lässt die stets griffbereite Digitalkamera mitlaufen. Was der entgeht, hat nicht stattgefunden – oder muss nachgedreht werden. Die Welt dreht sich.

Eine 40-köpfige deutsche Reisegruppe, eine andere, ist einem Bus entstiegen und möchte nun gerne ein Schloss besichtigen. Gerade wollen sie sich noch wundern, dass es draußen viel wärmer ist als im Bus, und überlegen, ob vor oder nach der Besichtigung Kuchen gegessen wird, da sehen sie sich mit einem aufgeregt armrudernden Christoph Schlingensief konfrontiert, der ihnen Dinge erzählt, die zunächst harmlos erscheinen, kruder, frei erfundener Historienquark, also folgen sie ihm. Menschen, die in die Nähe Schlingensiefs geraten (oder, gemäß seiner Bühnenverschiebung: in deren Nähe Schlingensief gerät) reagieren entweder mit brüsker Ablehnung oder aber mit nicht selten religiös anmutender Gefolgschaft. Das macht ihn sehr anstrengend, vor allem für sich selbst. 40 Menschen hinter sich, wird die Rede des Regisseurs zusehends hektischer und absurder. Er führt die Gruppe dreimal im Kreis um den Bus herum. Stellt ihnen Fragen, bietet Antworten an, filmt, behauptet, macht einen guten Eindruck. Sie glauben ihm alles. Leider! Also muss er die Schraube weiter anziehen. Redet von der Abschaffung Deutschlands, der Entwertung des Euro, dem Ende der Zeit. „Nie wieder Zukunft!", kreischt er fröhlich. Die Busreisenden hoffen, dass sie nur veralbert werden, suchen versteckte Kameras und Blödshowmoderatoren und sind nun doch verunsichert? Was ist das, wer ist das, und was wird, wenn er Recht hat? So kurz vor 2000 – wer weiß? Das Schloss, krakeelt Schlingensief, sei übrigens bloß eine Filmrequisite, auch sei dies nicht Afrika, sondern Babelsberg. Dann dreht der Regisseur die Musik lauter: Wagner. Die Menschen fliehen zurück in ihren Bus.

Nach einem Tag auf Schlingensiefs Bühne wünscht man sich, zwecks Wappnung, einen Blick ins Drehbuch des nächsten Tages werfen zu dürfen. Gibt es nicht. Nach zwei Tagen wünscht man sich eine Pause. Die gibt es ebenfalls nicht. Nach drei Tagen wünscht man sich nichts mehr. Das gibt es nicht. Das gibt es doch: Am vierten Tag beginnt man, ansatzweise zu begreifen, was gemeint sein könnte. Es ist ja auch sehr warm, andererseits. Aber die Mitreisenden haben ihre Rolle nun akzeptiert, spielen, ja, spielen mit. Suchen plötzlich Deutschland. Überlegen nicht mehr, wie das klingt – sondern wo das liegt. Versuchen, die Ränder der Bühne zu entdecken. Die Kamera läuft, läuft immer. Und wie andere Menschen in den Spiegel, so guckt Schlingensief auf den Kontrollmonitor: Was machen wir da? Wie sieht es aus, was täuschen wir vor? So wird ein Gespräch mit ihm zur Gegendarstellung, er hilft dem Gegenüber auf die Beine eigener Sprache; natürlich vergreift er sich dabei immer wieder im Ton und an Sakrilegen.

Schlingensief hantiert mit Stereotypen, mit beladenen Begriffen und Namen, testet ihre Definition, indem er sie austauscht, überführt sie, indem er sie dekontextualisiert. Sein Plan, mit sechs Millionen Arbeitslosen in den Wolfgangsee zu steigen, musste scheitern, rührend, dass die Berichterstattung die ganz paar harmlos planschenden – obendrein natürlich fast durchweg nicht arbeitslosen – Aktivisten tatsächlich zählte; das Ergebnis zu erreichen war niemals Ziel, vielmehr ein Bild zu liefern, ein Thema zu setzen. Und dann zu sehen, was das Land damit anfängt, beziehungsweise, das Land mal zu fragen, was es eigentlich noch für einen tun kann.

Vielen Bürgern mag das Pay-TV-Angebot Premiere World als Sieg des mündigen Gebührenzahlers erscheinen. Endlich gucken, was man möchte. Wenn man aber schon weiß, was man sehen möchte, wird man auch nichts anderes sehen, und dann heißt Mündigkeit bloß noch Müdigkeit und kurz darauf Verblödung. Schlingensiefs Programm ist das genaue Gegenteil von Premiere World, es ist World Premiere: bleibt alles anders.

Natürlich hat das Spuren von Klamauk, diese Deutungmöglichkeit: absolute Harmlosigkeit, muss liefern, wer nicht eitel zuallererst ernst, sondern im besten Sinne wahr genommen werden möchte. Es ist ein nettes Bild, als Schlingensief und einer seiner Darsteller am Silvesterabend mit großer Geste im dramatischen Licht des letzten Sonnenuntergang dieses, jenes Jahrtausends aus Legosteinen den „Prototyp des neuen Menschen" kreieren: mit Prellblock vor dem Kopf und Blaulichtern statt Schuhen. Laut plärrt dazu der Walkürenritt. Das alles ist immer auch der große, nie endende Kindergeburtstag. Genau wie abends, als das Gespräch zunehmend von Größe und Giftigkeit befürchteter Insekten handelt und Schlingensief eine Plastikspinne im Schlafzimmer zweier stimmstarker Frauen platziert. Die Angst ist echt, das Tier zunächst nicht, später dann sogar auch das, und was war dann der Spaß anderes als eine warnende Vorwegnahme?

In wahnwitzigem Tempo wird vom Regisseur der Jeep gefahren, das Zelt aufgebaut, das Gespräch geführt, und alle machen euphorisiert mit, es ihm nach, bis er freudig grinsend am Abgrund steht, die Straße sich als Sackgasse erweist, das Zelt zusammenknickt, das Gespräch in Stille oder Streit mündet. Dann zieht er sich zurück und beobachtet, lacht, springt zur Seite, und bald schon wieder zu Hilfe, denn zynisch ist er weiß Gott nicht, im Gegenteil, ein großer Moralist und Humanist, der die Verhältnisse dauerprüft, Konflikte forciert, auf Sichtbarmachung drängt und Verantwortlichkeit einklagt. Das Überdrehte, der 24-stündige Auftritt, wird von ihm zu keinem Zeitpunkt geleugnet. Schlingensief spricht in die Kamera und seine Gegenüber blicken nach kurzer Irritation gleichgültig ins Objektiv statt in sein Gesicht. Und da stehen seine Begleiter dann und sagen Text auf, ihr Scherbengedicht. Wenn es allzu glatt läuft, kommt ihm die Technik zu Hilfe: Fehler, ruft er dann, könnten Sie das nochmal genauso sagen? Verstörend, dass kaum einer dies je ablehnt. Was die panische Annahme nährt, Teil einer allumfassenden Inszenierung zu sein. Man hätte es so gerne eigenes Leben genannt.

Doch nimmt dieses Land kaum jemand ernster, als Schlingensief das tut. Als dem Suchenden in Ulm Wochen zuvor niemand zuhören mochte, weder Beschimpfung noch Komplimente, nicht Geschenke, ja nicht mal Wagnerbeschallung Wirkung zeitigten, da verkündete er, soeben seien sämtliche Privatvermögen der Bürger entwertet worden, Schuld sei die Sparkasse. Kurz darauf hatte er weit über 100 Bürger hinter sich beim Marsch auf das Kreditinstitut. Was sie dann riefen, hatte er ihnen nicht etwa vorgesagt; die Angst, die sie ohnehin in sich trugen, hatte er bloß freigelegt, und so ist Schlingensief eigentlich ein begnadeter Tauchsieder.

Um sich Gehör zu verschaffen, lanciert Schlingensief stets große Parolen. Deutschland ist nirgens rekonstruierbar, das geriete peinlich, hieß es auf der Deutschlandsuche. Und wieder schien es einigen als Spinnerei, als großmäulig-ironischer Vorwand für einen neuen Schelmenstreich. Anderen jedoch hatte er eine Kernfrage von den Lippen gelesen: Wo stehen wir, was ist das Netz, haben wir Empfang, was sind die Verbindungen?

Was anderes als Deutschlandsuche ist es, was in Namibia betrieben worden war und fortwährend wird? Die Installation der Kolonie als Deutschsetzkasten einst und die Reviermarkierungen der Urlauber heute, wenn jemand auf den Toilettenspiegel einer Raststätte inmitten der Wüste einen „Schwarzwaldverein"-Aufkleber anbringt oder am Mülleimer der Flughafenhalle einen mit der Aufschrift „Magdeburg – hier wachsen Ideen". Ein T-Shirt trägt mit der Aufschrift „Fränkisches Seenland" oder Werbung für ein Antennenbaufachgeschäft in Uelzen?

Der Suchtruppführer steht im Sandsturm und schreit. Sein bevorzugtes Stilmittel ist die Hysterie. Und bald schreit die ganze Gruppe, zum Teil vielleicht bloß, dass er zurück zum Jeep kommen soll. Aber sie schreien, und später führt er Bilder schreiender Menschen vor, die er durch Kommentartext in einen anderen Zusammenhang überführt. Und alles wirkt, nunja: echt. Der versteckten Kamera von „Verstehen Sie Spaß" setzt Schlingensief die demonstrative Kamera entgegen: „Verstehen Sie das?"

Wenn ein Passauer Busfahrer Bier trinkt, während seine Busladung ein Schloss besichtigt, wenn er sich den Rundumdenmundbart kratzt und derbe Witze reißt – wer vermag da noch festzustellen, wer jetzt wem nachfolgt, das Klischee diesem Mann oder umgekehrt. Draußen bringt Schlingensief einen freundlich nickenden Einheimischen in wunderbar schlechtem Schulenglisch dazu, sich euphorisch zu Richard Wagner zu äußern. Ein anderer Bus fährt vorbei. „Ja, fahrt schon mal vor, wir kommen nach!", schreit Schlingensief hinterher, läuft ein paar Meter hinter dem Bus her und winkt. Gefilmt sieht es danach so aus, führt er stolz vor, als gehöre der Bus dazu. Wozu? Zur Suche, zum Stück. Durch eine Mischung aus vorgetäuschter Tollpatschigkeit und wahrhaftiger Freundlichkeit gelingt es dem Regisseur, alles und jeden auf die Bühne zu locken, jeden zum Sprechen zu bringen. Plötzlich über sich selbst, und dann versteht es Schlingensief in seinen besten Momenten, sich zurückzuziehen, und der Text läuft weiter. Der Besitzer einer Bar darf minutenlang in die Kamera sprechen, was ihm Werder Bremen bedeutet, bis es dem Ensemble gelingt, das Thema zu wechseln, und der Warmgeredete, dankbar über Publikum, schwadroniert, tümelt, lallt, „gerechter Rassismus", sagt er in die Kamera, sei nötig für eine gesittetes Nebeneinader der Kulturen. Und so weiter.

Manchmal heißt es, Christoph Schlingensief sei gar nichts peinlich. Richtiger ist: Alles ist ihm peinlich, der Verklemmung setzt er Exhibitionismus entgegen und stellt sich zur Verfügung, wirft sich den ersten und zweiten Stein gleich selbst mitten ins Gesicht, gibt als Versehrter allen die bequemere Möglichkeit, die Unzulänglichkeit, den Defekt nicht als Alleinstellungsmerkmal, sondern als Zwangsläufigkeit zu begreifen. Schreit, predigt, singt, sabbert, stört

– und befreit. Aus einem Autoradio plärrt Michael Jackson. Schlingensief schlurft spastisch durch den Sand und schreit „Moonwalk!" Seht her, zeigt er, ich kann es nicht, und das ist nicht schlimm, denn es ist normal. Und das legt er so offen, dass das Zusehen schmerzt, und dieses Ausmaß an Reaktion überhaupt noch hervorzurufen ist schon eine Leistung. So war auch die Grundidee seiner eigenen Talkshow „Talk 2000" das Versagen, der Stillstand im Überdrehten, seine Leistung war die Störung des gewohnten Ablaufs. Nicht der kalkulierte Eklat, der allseits übliche, eingeübte Tabubruch (den er freilich auch nicht ausließ), sondern die Pause, die Offenlegung von Ratlosigkeit.

Am Silvesterabend steht die Reisegruppe etwas hilflos im Sand, Wunderkerzen in der Hand, und diese erlöschen allesamt in der Mitte. Ein guter Moment. Der SuperGau als Urszene. Und so passt es auch, dass ein Darsteller um kurz vor zwölf bereits lauthals von 10 rückwärts zu zählen anfängt, woraufhin der gesamte Campingplatz sich zu streiten beginnt, einige schon gehorsam losküssen, -böllern und trinken, andere dann alles verpassen und insgesamt bis fünf nach zwölf circa 19-mal jemand glaubt, es sei gerade null Uhr. Doch an diesem Abend gab es nichts Wichtigeres, als pünktlich zu sein. Und weil es nicht klappte, merkte man, wie blöd der Versuch war. Aufklärung, könnte man sagen. Einsicht durch Auffahrunfall.

Schlingensief als Provokateur abzutun ist leicht begründbar, aber falsch, definiert man einen Provokateur als jemanden, dem die Geste Tat genug ist, der niemals verantwortlich zeichnet. Doch dazu ist Schlingensief zu naiv. So hat er beispielsweise die Finanzen seiner Partei (bzw. seiner Inszenierung) Chance 2000 über sein Privatkonto abgewickelt und für den programmatischen Bankrott („Scheitern als Chance") persönlich haften müssen.

Am Ende der Reise sind die Batterien leer, die Filme voll, und die Gruppe ist durch zermürbende Grabenkämpfe zu einem untrennbaren Klumpen verschmolzen. Die Energie eines mit Schlingensief Reisenden muss heißen: Vorstellungskraft.

Und plötzlich gibt es wieder ein Netz. Schlingensief hat Empfang, Kurznachrichten, und nach sieben Tagen ohne Beweis, dass Deutschland dort, wo es laut Globus bei Abreise lag, immer noch liegt, erfährt das Ensemble: Schmitt springt erfolgreich in den Schnee, Schäuble muss eine Menge erklären, Jelzin fürderhin gar nichts mehr und alles in allem ist der Übertritt ins neue Jahrtausend problemlos vonstatten gegangen.

Die Suche ist beendet. Der Weg war die Bühne. Schlingensiefs Vorgehensweise ist vergleichbar mit einer Internet-Suchmaschine: Ein eingegebener Begriff wie „Deutschland" bietet unzählige Anwahlmöglichkeiten, von denen aus es wiederum zahllose Verweise und Stichwege gibt. Man kann alles bekommen, bloß keine Garantie, alles kann stimmen und auch falsch sein. Schlingensief spielt den Anführer, dann den Suchenden, kommentiert oder schweigt, übernimmt stets den vakanten Posten, darin tatsächlich gänzlich uneitel, immer auf der Suche nach einer Art momentaner Wahrheit, die es daraufhin zu dekonstruieren gilt. Das Entlarven von Unregelmäßigkeit und Scheinbarkeit ist immer eine Kettenreaktion. Helmut Kohl zum Beispiel kann ein Lied davon singen, warum nicht das Deutschlandlied, und wenn es nach Schlingensief ginge, wahrscheinlich am besten mit den Fischer-Chören.

Der Pilot der Rückflugs-Chartermaschine hatte es mit seiner Deutschlandsuche gewiss leichter, hatte er doch geeichte Suchgeräte zur Verfügung. Das unterscheidet die Natur- von der Geisteswissenschaft.

Entsorgung

Schon wieder in Schrittgeschwindigkeit fahrende, laute Wagen, wieder umsäumt von Menschen in greller Kleidung. Sternförmig nähern sie sich der Siegessäule, aber Musik ist keine mehr zu hören, nur noch ein monotones Brummen, verursacht weder durch an Plattentellern hantierende Problemkinder noch durch tanzende Nackte oder auf was die schockierten Fernsehkameras sonst so zoomen. Es brummen bloß die Kehrmaschinen. Und die diverses Räumgerät bedienenden, grell ausstaffierten Männer haben die orangen Westen und Hosen mit den silbergrauen Reflektoren nicht auf Geheiß der Fernsehübertragungen vergangener Jahre folgsam im Berufsbekleidungsgeschäft gekauft, sondern von ihrem Arbeitgeber, der Berliner Stadt-Reinigung, zur Verfügung gestellt bekommen.

Berlin atmet auf, die Parade ist vorüber. Es ist Sonntag früh, der Himmel so sauber wie einige Stunden später auch die Straßen wieder, wahrscheinlich, die Erfahrung spricht dafür, nur der Anblick gerade dagegen: überall Dosen, Plastik, Papier, als hätte ein Orkan eine Müllkippe aufgewirbelt und die endgelagerten, schwer verdaulichen Zivilisationsspaltprodukte über die Stadt verteilt. Die Straße, das Randgebüsch, der angrenzende Tiergarten – alles überzuckert mit Müll, mit leeren Versprechungen aus dem Werbefernsehen, Verpackungen. In dieser Menge hat der Müll nichts Schmutziges, die flächendeckende Verwüstung wirkt in sich absolut geordnet. Verstreut liegt dort das Möglichkeitsmosaik einer Industrienation, alles, was man kaufen kann, verbrauchen konnte und dann nicht mehr gebrauchen.

Wären nicht Sommerferien, könnte man denken, Jürgen Trittin ließe hier einen spektakulären Werbespot drehen. Umweltorganisationen haben immer wieder Marktplätze des Landes anklagend mit über Wochen gesammeltem Abfall dekoriert, um auf die Vermüllung unserer Erde hinzuweisen. Dosenberge wurden in Fußgängerzonen aufgetürmt, Rathauseingänge mit Müllpyramiden versperrt, doch Gier ist durch Vernunft und symbolische Warnung nicht zu besiegen, erst der Kollaps kann Einsicht bewirken. Dazu allerdings müsste der Müll ein bisschen liegen bleiben, Ratten anlocken und zu stinken beginnen.

Doch vor allgemeiner Wahrnehmbarkeit wird das Problem verlagert, der Kehricht zusammengeschoben und in die vorläufige Unsichtbarkeit abtransportiert. Der Schneepflug treibt Verpackungen zur zentralen Kippstelle, die Froschmauldüse des Spülwagens legt die Straßendecke wieder frei. Denkt man sich Berlin an diesem Morgen als verkaterten Menschen, so ist die Stadtreinigung die elektrische Zahnbürste, die er sich mit halb geschlossenen Augen reflexartig in den zerschossenen Kopf steckt.

Letzte Kamerateams filmen die Schlusssequenz ihrer Paradenberichte, erste Fotografen erfreuen sich am Goldglanz des Frühlichts. Ein paar übrig gebliebene Raver torkeln durchs Gebüsch, ihr Körper noch im Dialog mit der Chemie, ihr Kopf geflutet von nun ergänzend ausgeschüttetem körpereigenen Hochwirkstoff, der Euphorie, die Nacht ausgetrickst, die Wiederkehr des Lichts abgewartet zu haben. Der Gegenschnitt zum Vortag: Wie schön die Welt ohne so viel Menschen ist, wie gut Stille klingt. Noch ist nicht viel gelogen worden, ja gesprochen kaum, der Tag erscheint noch als Möglichkeit, bald wird mit jeweils heiligem Ernst hier und da, und dort wie hier, eine heisermatte Stimme das Vorhaben skizzieren, heute mal nichts zu trinken, heute wirklich mal.

Aus Sicherheitserwägungen und aus Erfahrung hatte man dieses Mal entlang der Paradenstrecke auf die Extraanbringung von Entsorgungsbehältnissen verzichtet. Derart viele Menschen machen nunmal Dreck. Wo sie gehen, stehen, tanzen, hinterlassen sie Spuren, und die in den Anfangsjahren der Parade aufgestellten Container waren stets durch freundliche Übernahme zerstört und somit zusätzlicher Müll geworden: Auf und in ihnen wurde natürlich auch getanzt, gehüpft, geküsst – und später geschlafen. Die Kritik, bei der Parade handle es sich, wenn überhaupt um eine Demonstration, dann um die allgemeiner Infantilisierung, bewahrheitet sich insofern, als dass die Menschen faktisch dazu ermuntert werden, vorübergehend das Handlungsfolgebewusstsein eines gewickelten Babies anzunehmen und ihren Müll einfach dort fallen zu lassen, wo er passiert.

Der dieses Land seit Gerhard Schröders Amtsübernahme kennzeichnende offensive Umgang mit Problemen, das taktische Affirmieren, das in der Praxis zu einer Entwaffnung jeglicher Opposition führt, wird hier besonders deutlich: Wachstum wird unbedingt als Fortschritt verstanden, als Bestätigung, als Läuftdoch – und die Konsequenzen, nun, das „muss man sich dann in Ruhe angucken", beziehungsweise „da wird ganz sicher eine Lösung zu finden sein".

Das herrliche Motto des Meisterkomponisten Westbam, „We'll never stop living this way" ist, was das Musikglück betrifft, eine schöne Utopie. Für den Müll müssen wir uns etwas anderes überlegen.

Vollpension

Als Bürger der Bundesrepublik Deutschland hat man die Möglichkeit, Prominente bei der Ausübung ihrer meist zahlreichen, gesetzlich gestatteten Nebentätigkeiten zu kontrollieren, da es in den allermeisten Fällen Ziel und Inhalt dieser Geschäfte ist, das Publikumsinteresse am bekannten Namen in Kaufimpulse fürs egale Produkt zu transformieren. Einerlei, ob als Kompensation unterstellter einseitiger Begabung oder Steuersparmodell entstanden – man kann eine Probefahrt mit dem Boris-Becker-Autohaus vereinbaren, sich eine Platte von Heiner Lauterbach oder Katja Riemann kaufen und diese (als Variante für die ganz Furchtlosen) sogar anhören, man kann ein von Udo Lindenberg selbst gemaltes Bild anschauen, in Ben Beckers Kneipe ein Bier trinken oder in Iris Berbens italienischem Restaurant zu Abend essen. Oder Verona Feldbusch-Unterwäsche tragen oder die Talkshow eines Politikers ansehen. Und so weiter. All diese Angebote zielen auf die Sehnsucht des Bürgers, die – das Begehren bedingende – Distanz zu mindern. Da sich Engagement und Präsenz der Namensgeber zumeist auf einige Foto- und Signiertermine beschränken, ist ihr Hauptberuf nur selten in Gefahr, und die Distanz bleibt erhalten. Anders verhält es sich im Fall Hera Lind.

Im letzten Jahr verließ sie unter sorgfältig selbst geschürter öffentlicher Anteilnahme ihren Ehemann in Richtung eines pomadigen Schiffsoffiziers namens Engelbert Lainer, dessen größter Wunsch immer schon ein eigenes Hotel in den Bergen gewesen war. Mit dem Herzblatthubschrauber überquerten die beiden (ihren Interviews zufolge) von der Liebe vollends Verblödeten die Alpen und wurden alsbald fündig. Jetzt kann man sie im „Eichenhof" im Chiemgau besuchen, um Lind bei der Ausübung dieser ihrer gesetzlich gestatteten Nebentätigkeit zu kontrollieren.

Als erstes tat das eine Kollegin der *Neue Revue*-Autorin Jutta Ditfurth, nämlich die verwirrt wirkende Ex- oder Wiederehefrau von Klaus Jürgen Wussow. Sie setzte sich eine Perücke auf und recherchierte im Frühstücksraum, doch Engelbert Lainer konnte sie überführen, wie er stolz bei jeder Gelegenheit erzählt. Patent überwacht Lainer den Alltagsbetrieb im Eichenhof, für jeden Gast hat er ein aufmunterndes Wort, für alle Fälle ein tragbares Telefon am Bund seiner Lederhose klemmen, sein Haar ist wie seine Rhetorik bestens geölt und als Gast wird man „Willkommen an Bord" geheißen. Dazu muss man wissen, dass Lind und Lainer sich auf einem Kreuzfahrtschiff kennen gelernt haben und der dort entstandene Lindsche, na ja, Roman „Mord an Bord" heißt. Findet Hera Lind (dass man das wissen muss) – zumindest ist es bekannt. Das ist ein Käse, denkt man, eingedenk der Werbung für die unweit beheimatete Firma Bergader.

Einzelzimmerübernachtend zahlt man im Eichenhof 141 Mark, inclusive Frühstück mit Liveschaltung in die Daily Soap „Big Mother": Hera Lind spielt glückliche Familie, in weiteren Rollen die zwei ihr zugesprochenen Töchter von insgesamt vier Kindern aus der zugunsten (ja?) von Lainer aufgelösten Vorgängerfamilie, und Lainer selbst, der seine Rolle gut, ja zu gut spielt, den Hotelgästen einmal zu oft Prosecco anbietet, derweil Lind mitteilungsbedürftig durch die an den Vorführraum eines Baumarktes erinnernde Gaststube trompetet, dass sie sich („wir uns", sagt sie natürlich) Alkohol inzwischen ganz abgewöhnt habe, was – wie alles andere auch – sehr gut funktioniere und so weiter. Nicht ganz so glückliche Echtpaare an den anderen Tischen schweigen eingeschüchtert, rühren in ihren Tassen/und können es einfach nicht fassen.

Statt ins Honigbrötchen möchte der Hotelgast schon bald viel lieber in die Tischkante beißen, so penetrant lobpreist die Zauberfrau ihr neues Glück. Für ihre die Emanzipation in der Märchentheorie durchaus befürwortende Leserschaft mag es ein Genuss sein, Leben und Werk der Autorin so anschaulich amalgamieren zu sehen.

Um auch einmal kurz über Literatur zu sprechen: „Dass die Leute, wenn ich nicht gleich öffne, bösartig werden und die Fenster einschlagen", beklagte sich der große Thomas Bernhard einst verwundert bis verbittert über neugierige Leser, die bis auf seinen Hof wallfuhren („Wie bei einer Giraffe, die kann man anschauen, die ist öffentlich zugänglich"), und vor denen er floh, um Ruhe, Leben und Werk zu schützen. Ganz anders als Thomas Bernhard, dessen „Untergeher" die deutsche Sprache das Wort „Verrammlungsfanatismus" verdankt, hat Hera Lind (nicht dass irgendeine Vergleichbarkeit bestünde) sich im letzten Jahr verrammelt, ja sogar „verliebt" (Lind), in den „hammerhart" (Lind) daherkommenden, angeblich häufig mit „Bill Clinton" (Lind) verwechselten Lainer, seines Zeichens – den liebesbegleitenden Interviews zufolge – Rammelfanatiker. Und auch ins Haus lässt sie jeden hinein, verkauft und signiert an der Rezeption ihr Oeuvre und erzählt ausdauernd und lautstark aus dem Leben einer so genannten Powerfrau, und selbst wenn sie ihre Töchter, sind sie nicht süß?, am Frühstückstisch wund streichelt, lobt sie auch damit wieder nur sich selbst – wie habe ich das nur wieder gemacht, zwei so süße Kinder, wo ich doch so viel um die Ohren habe? Und leider eben nicht ganz so viel dazwischen.

Des Weiteren erfahren die Hotelgäste ohne jedes vom normalen Menschenohr verschiedene Abhörgerät, ohne sich eine Perücke aufsetzen zu müssen und natürlich ohne zu fragen, dass Lind sich hervorragend eingelebt und sogar einen Chor gefunden habe, in einer kleinen Extrawohnung ganz herrlich zum Schreiben am neuen Buch käme (ob das wohl in einem ländlichen Hotel spielt?), dass ihr aus der Handtasche heraus das Portemonnaie mit allen Karten und 12.000 Mark drin in Freiburg auf dem Markt gestohlen wurde, dass sie die 12.000 Mark kurz zuvor in bar dafür bekommen hatte, kurzfristig für Harald Juhnke einzuspringen und ein Hörbuch aufzunehmen und dass der Spitzname „Engelbär" für Lainer sich schon ziemlich herumgesprochen habe und sie mit ihm unbedingt „mal am Wochenende New York und London machen" will und dass sie vor kurzem mit dem Nachtzug nach Köln gefahren ist, um mit der Lehrerin ihrer Söhne zu sprechen, was trotz Bahncard, die sie geschenkt bekommen hat, 800 Mark gekostet hat, und dass sie es sich nicht erklären könne, wie die Geschichte vom Freiburger Portemonnaieklau in die Zeitung geraten sei, was manche ihr als Promotiontrick ausgelegt hätten, was ziemlich bösartig sei. Komm mein Lieber, setz dich zu uns, du fehlst uns, hollondaised sie, und Engelbär tut wie ihm geheißen und wuchtet seine hammerharte Ledertracht auf die Holzbank.

„Das Literarische" möge er nicht beurteilen, sagt der Kellner und bringt einen „Gruß aus der Küche": pappiges Brot mit öliger Terrine, verziert mit einem müden Feldsalatstrunk. Dann kommt Lainer und fragt zum 100. Mal, ob alles in Ordnung sei. Ja, sagt man, und nimmt sich ganz fest vor, beim nächsten Mal zurückzufragen: „Und selbst?"

Einige Tage später lassen LindLainer den „Hoteltraum platzen" (*Bild*). Herrje. Noch bevor das Idyll perfekt ward und „Hera Lind Joggingkurse geben" konnte. Lind sah ihre „Privatsphäre und Sicherheit meiner Kinder nicht mehr gewährleistet".

Die Arschlöcher von der Schweinepresse – nee, nee, nee. Aber echt.

Promotion

Ich bin weit über zwei Meter groß, ich bin aus Gummi, und die Menschen zeigen mit dem Finger auf mich. Ich soll ihnen zuwinken. Sie lachen mich aus, was ich verstehen kann, wer nimmt schon ein so großes, noch dazu laufendes Mobiltelefon ernst. Ich winke. Man hat mir einen Batteriegurt um die Hüften gelegt, damit wird eine Pumpe angetrieben, die mir ständig Frischluft um die Ohren bläst. Das bringt keine Kühlung, gewährleistet nur die Spannkraft meines Kostüms. Bis zum Anpfiff in zwei Stunden muss ich gemeinsam mit einem anderen Telefon durchs Berliner Olympiastadion laufen, auf dem Vorplatz die Fans begrüßen, auf die Ränge winken, winken, winken – und bloß nicht über Premiere-Kabel stolpern. Meine Schuhe sehe ich nicht, beugte ich mich nach vorne, um an meinem Tastenbauch vorbei zu gucken, ob etwas meinen Weg stören könnte, ein Schlagloch, eine Pfütze, ein Kleinkind oder Fankotze, dann knickte das, wo man sein Ohr dranhielte, wäre ich echt, nach vorne, bedeckte die kleine transparente Gummischeibe in Augenhöhe, ich verlöre das Gleichgewicht und wäre geliefert.

Man kann uns bei einer Event-Agentur buchen, und was wir hier machen, also kostümiert als übergroßes, in jeder Form denk- und buchbares Warenmodell über Messen, durch Fußgängerzonen oder eben Stadien zu laufen, heißt offiziell „walking-act", was (das ist ja bei Scheißberufen der ganz neue Trick) elegant und augebildet klingt. Ich schwitze wie ein Schwein, bin aber natürlich lieber ein Handy im Stadion als sonstwas auf einer Erotik-Messe.

Hier drinnen ist es wie zu fünft in einem Zweimannzelt. Nach einer Minute im Handykostüm ist man komplett durchnässt, aber den Schweiß kann man sich nicht aus den Augen reiben, da man seine würstchenartig abgeschnürten Arme nicht in diesen aufblasbaren Siemensschlafsack hinein bekommt, außerdem muß man ja sowieso dauernd winken. Wir sind nicht die einzigen Witzfiguren hier: Es gibt das Herthamaskottchen Herthinho, ein O.tel.o-Plüschtier und noch ein paar andere – und wenigstens die winken mal zurück. Viele andere Wesen mit unnatürlichem Gang und komischer Hülle, die man für Leidensgenossen hält, entpuppen sich bei näherem Hinsehen als normale Fußballfans. Der im anderen Handy hat mir vorher erzählt, ein Kollege von ihm sei mal hinterrücks von so jemandem angepisst worden.

Wir winken am Stand eines Radiosenders vorbei, wo ein Spaßvogel Spielchen mit biergefüllten Schreihälsen veranstaltet: Sie müssen Nägel in einen Baumstamm donnern, Bierkrüge stemmen oder zwei zuvor in Essig eingelegte Tischtennisbälle in den Mund nehmen und dann sagen, dass dieser Sender den Supermix spielt. Dann bekommen sie eine Luftmatratze geschenkt.

Aus den Augenwinkeln sehe ich eine Spinne auf der Innenseite meines Kostüms entlangkrabbeln. Wahrscheinlich legt sie gleich Eier in meinem Ohr ab, ich muss trotzdem winken. An der O.tel.o-Fanbox lässt ein Kind seine Eltern ausrufen und ein Mann, der hoffentlich nie Kinder zeugen wird, singt wurstspuckend „Oh Tannenbaum, oh Tannenbaum, die Hertha geht heut Punkte klau'n".

Im Stadion laufen wir über die Tartanbahn. Man hatte uns vor einer bestimmten Kurve gewarnt, in der „die Hardcorefans" stünden, und als wir fragten, was das für uns bedeute, hieß es knapp: „Die werfen." Die Hunde der Ordner drehen durch, als wir an ihnen vorbeispazieren, sie zerren an ihrer Leine und sabbern den Maulkorb voll. Ich schwitze, habe Durst, überall juckt es, ich gehe also zur Bande und reibe mein Display daran.

Da kommt Herthinho und hakt sich bei mir ein, wir tanzen ein bisschen herum vor den zum Glück durch einen Zaun von uns getrennten Hertha-Fans, unter denen so auf den ersten Blick durchs inzwischen beschlagene Fensterchen die Grundgesetzbefürworter keine Mehrheit bilden. In Frakturschrift haben die anderen nationalistische Drecksparolen auf Fahnen gemalt und schreien so inbrünstig „Sieg", wie es nur Verlierer können. Noch werfen sie nichts, aber sie rufen uns zu, wir möchten doch bitte woanders hingehen. Sie formulieren das etwas griffiger. Aus den Stadionlautsprechern dröhnt ein den IQ dieser Menschen berücksichtigendes Unterhaltungsprogramm.

Mir ist schwindelig, das Zusammenspiel der Sinnesorgane funktioniert nicht mehr in diesem aufgeblähten Sponsorenganzkörperkondom – alle Geräusche werden ein einziger indifferenter Lärm, und um zur Seite zu gucken, muss man sich im Ganzen drehen, jetzt schreien sie hinter mir oder an der Seite, nein, das ganze Stadion brüllt, pfeift, trommelt, was aber gottlob nichts mit uns zu tun hat, die Spieler laufen nur gerade ein, und das heißt für uns, schnell die Ecke der nach einer schweren Kindheit eben sowas gewordenen Glatzköpfe verlassen, das hatte man uns vorher eingeschärft, denn genau hier wird gleich eine „Bengalische Choreographie" abgefackelt, und wir brennen sicher ganz gut. Irgendjemand zündet zusätzlich private Nebelraketen, der Stadionlautsprecher tadelt den unbekannten Deppen, Schwefelgeruch steigt im Telefoninnern auf, ich muss husten und mir gegen die Gesprächsannahmetaste klopfen, dann endlich: Anpfiff. Winke, winke, Feierabend.

Literaturkritik

Den Vorhang auf, Fragen zu Freitag abend. Kurz nach acht, Hamburg Harvestehude, im Erdgeschoss eines Mehrparteien-Altbaus. Helmut Karaseks Ehefrau öffnet die Tür und bittet ins Wohnzimmer, ihr Mann föhnt sich gerade noch die Hose. Er tut: was? Ja, er habe sich auf einen nassen Stuhl gesetzt und sich dann geweigert, eine andere Hose anzuziehen, schüttelt sie den Kopf. Im Fernsehen verliest Jens Riewa die Nachrichten. Am Vorabend habe sie sehr lachen müssen, erzählt Frau Karasek, wegen der Harald Schmidt-Show. Schmidt hatte mit dreien seiner Redakteure dem Quartett vorgegriffen, nämlich die angekündigten Bücher besprochen, und dies sehr ernst, ganz seriös, dabei überaus komisch, berichtet Frau Karasek. Schmidt habe Reich-Ranicki imitiert, ansonsten keine Gags, alle Beteiligtem schienen die Bücher wirklich gelesen zu haben, das sei ganz unglaublich gewesen. Ein fürchterlicher Platzregen hatte sie, auf dem Motorroller heimfahrend, überrascht, bis auf die Haut durchnässt hatte sie sich dann schon an der Wohnungstür ihrer Kleider entledigt, da wäre Föhnen zwecklos gewesen, und dann, nichtsahnend, hatte sie sich vor den Fernseher gelegt – und dort lief das Quartett! Bei Schmidt! Im Ernst! Das Beste sei gewesen, tags drauf im ZDF würden Kabarettisten zu sehen sein, habe Schmidt betont, die solle man nicht weiter ernst nehmen – ach, wunderbar sei das gewesen.

Auf dem Glastisch des Karasekschen Wohnzimmers liegen die trotzdem am Abend im Quartett zu besprechenden Bücher: Kundera, DeLillo, Bunin, Enquist – nur Roth fehlt – daneben eine Schale Dörrobst, einige Zeitschriften, die Fernbedienung. Karasek, er, betritt den Raum, soll bitte mal die Hose zeigen, sich drehen. Er sagt, es gehe doch, nein, entgegnet seine Frau, aber natürlich, beharrt er und dreht sich folgsam im Kreis. Der Stuhl scheint wirklich sehr nass gewesen zu sein. Wollen Sie mit uns Millionär gucken?, fragt Karasek und befühlt linkshändig den Nässegrad seines Hosenbodens, oder nehmen wir es auf, ja, wir nehmen es auf, ich bin zu nervös. Wir haben keine Kassette, sagt seine Frau, außerdem sei Jauchs Quizshow doch gut gegen Nervosität, das stimmt, sieht er ein, sie schaltet um auf RTL, er geht eine andere Hose suchen. Das komme davon, murrt er, dass er auf dem Balkon rauchen müsse, deshalb der nasse Stuhl, die nasse Hose und nun die frische. Und ein neues Hemd, bittet Frau Karasek, eins nach dem anderen, fügt er sich.

Bei Jauch geht es schon um 16.000 Mark. Gerade hatte Karasek selbst eine Woche lang im Fernsehen mitraten dürfen, mit Hella von Sinnen, Marcel Reif und Hape Kerkeling. Hape Kerkeling sei sehr gescheit, erzählt er, und dünn ist er geworden, sie habe ihn gar nicht wiedererkannt, merkt Tochter Laura an, die mit ihrer Freundin, Juliane von nebenan, hinzukommt. Laura hatte ihren Vater bei der Aufzeichnung begleiten dürfen und hat Fotos gemacht, mit Jauch, mit Kerkeling, die Abzüge hat sie gerade abgeholt und verteilt sie nun schwungvoll zwischen Dörrobstschale und Quartett-Büchern.

Jauchs Kandidat ist unterdessen nicht sicher, welchen Adelstitel Richard von Weizsäcker genau trägt. Karaseks wissen es sicher, B, Freiherr! Aber wenn man da sitzt, ist es was anderes, Brett vorm

Kopf, erinnert sich Karasek, er habe so versagt bei einer Frage nach Autos. Wo die so genannten Hagelschnüre zu finden sind, weiß er auch im Wohnzimmer nicht, da hätte er danebengelegen. Und wo das Roth-Buch ist, weiß auch keiner. Ein Artikel aus der *Woche* von Tillmann Spengler liegt oben auf dem Zeitungsstapel: „Frau Löffler und der Sex". Karasek steht vor dem Bücherregal und greift ein Lexikon. Mein ganzer Stolz sagt er, ich sammle Lexika, hier und hier und hier und dort. Sogar das einzige Nazi-Lexikon habe ich da, das aber bei R endet, weil da die Nazizeit zu Ende war, 45, bei R!

Eine Seltenheit, ein richtiger historischer Roman ist der Enquist, erklärt Karasek und schlägt noch etwas in Meyers Lexikon nach. Notizen hat er sich nicht gemacht, man müsse alles im Kopf haben. Ab 1721 sei tatsächlich schon geimpft worden, er habe immer gedacht, erst ab der Robert Koch-Zeit, aber nein, 1721, und ab 1790 dann mit Kuhpocken, ja, das wird er nachher sagen. Er schließt den Buchschrank und bestellt ein Taxi. Karasek, einen Wagen bitte. Er betont seinen Nachnamen auf der zweiten Silbe, ja, sagt seine Frau, macht man bei slawischen Namen immer. Er sei allerdings nicht sicher, ob das auch für Kundera gelte, bemerkt Karasek, doch, natürlich, glaubt Frau Karasek. Laura möchte nicht mitkommen ins Hamburger Literaturhaus zum Literarischen Quartett. Nur zu Jauch kommst du mit, spielt Karasek beleidigter Vater, das kann einen Vater doch retten, der Anblick seiner hübschen Tochter – Quatsch, nein, du hast was Besseres vor. Laura nickt. Sie soll dran denken, die ausgeliehenen Stühle mit zu Juliane zurückzunehmen, bittet Frau Karasek. Deshalb sei sie da, sagt Juliane. Karaseks Krawattenwahl wird einstimmig unterstützt, er sucht eine Zigarre, findet nur noch die angerauchte vom hosennässenden Balkonrauchen, schlägt den Aschebatzen ab und steckt sie in die Hemdtasche. Es klingelt, das wird schon das Taxi sein.

Nur 50 Mark hat Frau Karasek einstecken, ich hab noch Geld,

beruhigt er und meldet an, man müsse noch irgendwo vorbeifahren, Zigarren holen, nein, wird widersprochen, man sei zu spät dran, schade. An der Alster entlang!, wird der Taxifahrer um einen kleinen Umweg gebeten. Der schönste Blick auf die Stadt, so fahre ich immer, wenn ich vom Bahnhof komme, aus Berlin, erzählt Karasek. Im Taxiradio läuft Santana. Das war ein tolles Stück, ruft Karasek, auf derselben Platte wie „Black Magic Woman", das war die erste Santana-Platte. Er sagt etwas Spanisches. Genau, sagt seine Frau auf Deutsch. Und: Sieh, dort drüben auf dem Bürgersteig, unter der Platane! Frau Karaseks Schwimmpartnerin. Morgen gehen wir schwimmen, frohlockt Helmut Karasek, von mir aus, willigt seine Frau ein.

Literaturhaus Hamburg, hier halten wir, ja dort. 21 Mark 20, bitte – eine Quittung auf 23 bitte, danke. Wiedersehen. Moment, das Wechselgeld, ach, richtig.

Ist Reich schon da? In der ersten Etage ist ein Raum zur Garderobe funktioniert, hinter einem Paravent die Maske, davor ein langgestreckter Tisch, in der Ecke ein kleines Büffet, mehrstöckig belegte, mit farbigen Plastikdolchen zusammengehaltene Mundgeruchkanapees und Getränke. Karasek bekommt einen Champagner.

Habt ihr gestern Schmidt gesehen? Niemand hat Schmidt gesehen, aber alle haben schon gehört – es soll sehr gut gewesen sein. Nein, nicht böse, überhaupt nicht böse, eine Parodie zwar, aber liebevoll. Vor allem ernst, erstaunlich ernst. Und lang! Er hat ja auch schon mal Faust gespielt, mit Playmobil-Figuren. Ach? Schmidt würde ja immer ernster. Es zieht ihn mit aller Macht zur Kultur, hat jemand, sagt das auch so: das Gefühl. Das muss ein schönes Gefühl sein. Das ist so radikal, weiß Herr von Bergen, ZDF. Aber ja! Es ist, als käme ein verlorener Sohn mit blutenden Knien einsichtig vom Bolzplatz zurück, um, sich seines Irrtums bewusst, demutsvoll stundenlang Klavier zu üben und unregelmäßige Verben zu lernen, so reden sie über Schmidt, ohne zu merken, dass er ihnen Konkurrenz macht, dass er kurz davor sein könnte, das Quartett blutig zu putschen. Genug davon.

Und: Wer kommt? Ist die schon da, hast du das schon gehört? Ja, habe ich bekommen. Liegt auf meinem Nachtisch. Die neue Hahn, der neue Kirchhoff, Leseexemplar. Dies und das. Nein, noch nicht. Ein großer Wurf, ein schlechter Witz, weit aus dem Fenster gelehnt, ein verdienter Preis, ein misslungener Versuch. Wie spricht man Kundera aus? Haben Sie eine neue Brille, wird Karasek mehrmals gefragt, hat er aber nicht, es ist die alte, kaputt ist die neue. Steht ihnen aber gut.

Reich-Ranicki betritt den Raum, alle wenden sich zu ihm, er ist das Licht, wollen Sie sitzen, trinken, geschminkt werden, etwas essen? Natürlich essen, aber nicht jetzt. Natürlich nicht jetzt. Mein Lieber! Was gibt es zu berichten?

Kundera betreffend, muss Karasek nur überakzentuiert äffen: NATÜRLICH in Prag geboren! Betonung auf natürlich – da winkt RR ab, jaja, natürlich. Eine Anspielung auf Siegrid Löffler, das war's, was zur Trennung führte, dieses NATÜRLICH. So war sie. Karasek ahmt es nach, die abfällige, wiedererkennende Geste von Ranicki ist der Applaus fürs Vorturnen. Gut gemacht, setzen. Reich-Ranicki verteilt gefaltete Zettel aus seiner Jacketinnentasche, wie ein Großvater beim Weihnachtsfest Schecks: die Zuordnung und Reihenfolge der Buchvorstellungen, sie erfahren es tatsächlich erst unmittelbar vor der Sendung, eine Vorsichtsmaßnahme, lacht Karasek, damit man auch wirklich alle Bücher liest.

Kundera werde NATÜRLICH auf der ersten Silbe betont (natürlich in Prag geboren), belehrt Ranicki nun. Ach, trauert Herr von Bergen, ich habe mein Leben lang KunDEra gesagt. Jaja. Der Sinn des Quartetts ist doch, die Bücher festzulegen, die danach alle besprechen, erläutert Ranicki. *Der Spiegel* habe sich solche Mühe gegeben, noch schnell Patrick Roth zu besprechen, was kümmere es ihn, so sei es in Ordnung, vollkommen. Manfred Eichel kommt herein, Schmidt, ist zu erfahren, hat ihn sehr amüsiert, ob es denn jemand gesehen habe. Frau Karasek erzählt von ihrer Motorrollerfahrt durch den Regen. Dieser Wahnsinnsregen?, fragt Herr von Bergen, genau dieser, bestätigt Frau Karasek. Wie auch immer, sagt Herr Eichel, eins vorweg, das sei das Wichtigste, es sei eine Hommage gewesen, keinesfalls eine Veralberung, im Gegenteil, von großem Respekt war es getragen, die anderen drei waren schwach, aber Schmidt war gut, sehr gut, er hat zum Teil Ansichten geäußert, richtet er sich in Ehrfurcht tastend, jederzeit kniefallbereit, an Reich-Ranicki, die Ihren literarischen Geschmack annähernd wiedergeben könnten, zum Teil, hatte ich das Gefühl, ich halte die ganze Geschichte für eine tiefe Verbeugung!

Wie auch immer, es ist ok, findet Karasek friedfertig. Es ist besser, dass ich es nicht gesehen habe, es hätte keinen Zweck, wenn ich mich dann extra gegen Schmidt oder wie Schmidt äußern würde, ich wäre befangen, sagt Reich-Ranicki. Das in jedem Fall, meine Frau hat es aufgenommen, nur der Anfang fehlt, ich schicke ihnen gerne das Band, eilt Eichel. Und im Internet, das habe er sich heute, ZDF-Redakteur müsste man sein, vorlesen lassen, dort also, auf Schmidts Homepage, habe dieser Kaufbefehl für die im Quartett besprochenen Bücher erteilt, das sei doch enorm. Es hört aber jetzt niemand mehr zu.

Ranicki äugt listig um den Paravent herum – das dauere ja wieder mit der Maske, ob Frau Radisch heute eine Dauerwelle bekomme? Hast du Kaiser über Wallenstein gelesen? Menschlich! Henrichs über „Die Möwe" jedoch, ich kann das nicht lesen, das ist ja fast so lang wie „Die Möwe". Und der Kerr-Preis ist jetzt wirklich verliehen worden – die hatte ihn doch schon vor 20 Jahren. Ein Handy klingelt. Alle gucken, wer ist es, wem gehört es? Karasek hat vor kurzem

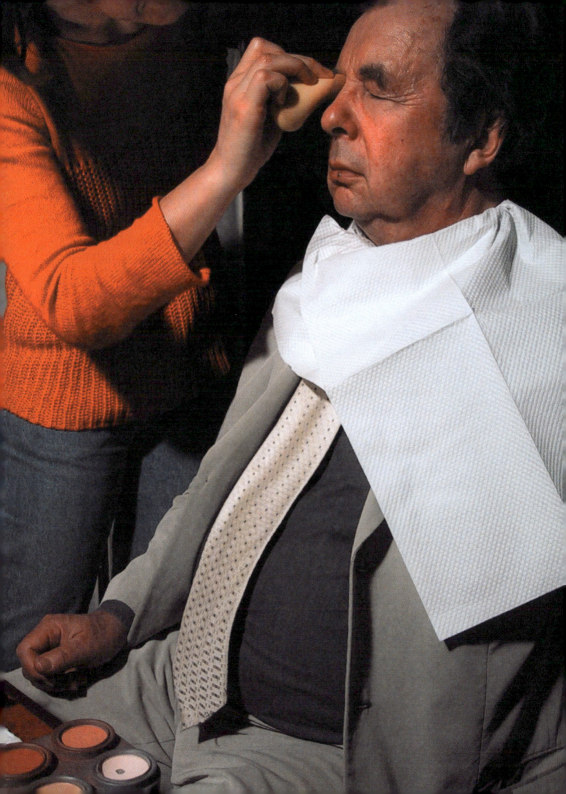

einen Preis verliehen, dabei hat sein Telefon geklingelt und leider sei es ihm nicht eingefallen, den Anruf anzunehmen und einfach ins Telefon zu sprechen: Ich habe doch gesagt, du kriegst den Preis nicht. Dann auflegen! Das wäre gut gewesen, aber so was fällt einem ja in der Situation nie ein. Wittstock in der *Welt* über den 80. Geburtstag von Fried – die beste Glosse, die ich seit langem gelesen habe! Fabelhaft! Ein Autor ist gestorben, Strahl, aus der DDR, ich habe diesen Namen nie gehört! Klaus von Dohnany öffnet die Tür, grüßt kurz, schließt die Tür. Hamburg. Ranicki wird geschminkt, auf dem Kontrollmonitor wird testweise Beethoven eingespielt, Ranicki tönt vorfreudig, ah, eben sei er noch erschöpft gewesen, aber jetzt: wie ein Zirkuspferd, wenn er das höre.

Bei jeglicher Debatte über das Literarische Quartett darf man nie vergessen, dass die Kritiker vor ihrer Arbeit geschminkt werden. Schon das namentliche Unterzeichnen einer Kritik ändert den Blick des Lesers, ordnet die Stimme, die da kritisiert, ein. Was natürlich der Stimme selbst auch immer bewusst ist, deshalb mitgelesen werden muss. Und Schminke, Licht und schiere Zahl der Zuhörer potenzieren diese Verzerrung der reinen, parteilosen Kritik, die es auch deshalb nicht geben kann.

Karasek wird also gepudert, das bereitstehende Spray „Kyrell – für Trendfrisuren" benötigt er nicht. Die Haare?, fragt die Maskenbildnerin, ich mach immer so, erklärt Karasek und fährt willkürlich mit der Hand hindurch. Er steckt einige Papiertücher „Budni classic/soft & sicher" in die Hosentasche, er schwitze doch immer so während der Sendung. Er könne doch die ganze Schachtel mitnehmen, bietet die Maskenbildnerin an, bloß nicht, sagt Karasek, neulich sei er beim Wurstverkäufer Stefan Raab verulbert worden, es seien Bilder gezeigt worden, wie er, gerade über Onanie in einem Buch sprechend, unter dem Quartettledersessel nach der Papiertuchdose fingerte –

Beethoven. Es nehmen teil wie üblich, eröffnet Reich-Ranicki. Helmut Karasek, *Der Tagesspiegel*, Berlin. In der Sendung variiert Karasek die Kundera-Betonung. Doch ohne Dauerwelle: die mit Armgeruder pro Wort-Bedeutsamkeit reklamierende Radisch, die sich müht, Ranicki alles recht zu machen, des Weiteren mit allen Mitteln die sympathische Antje Kunstmann auszustechen. Reich-Ranicki gelingt es einmal mehr, sein eigenes Buch zu erwähnen, viele Rezensenten hätten es zwar gut besprochen, jedoch gefragt, warum er denn nichts über Julius Cäsar geschrieben habe – tja da hätten sie nicht beachtet, dass es doch MEIN Leben heißt. Fast scheint es, als habe er sich zum Ziel gesetzt, zu diesem Eigenwerbungsblock jedes mal noch verwegener hinzuleiten. Bei Erlösungsgeschichten geht's mir wie dem Hund vor dem Laden, da muss ich draußen bleiben, erklärt Karasek bald darauf. Hinterher darf er einmal sogar „Das Magazin" signieren, unglaublich, es hat also wirklich damals jemand dieses Buch gekauft.

Nach der Sendung am Stehtisch. Frau Kunstmann trinkt Bier; Karasek: was es so gibt, Champagner, Wein, dazu raucht er den wiederbelebten Balkonstumpen. Unentwegt kommen Menschen herbei, die glauben, unbedingt einmal erzählen zu müssen, was ihnen andere erzählt haben, dass Schmidt es getan hätte am Vorabend. Die Dame vom Literaturhaus mit ihrer Literaturhausfrauenfrisur bringt das Gästebuch: Ein heißer Abend, schreibt Karasek. Bekräftigend tropft Schweiß von seiner Stirn auf das Geschriebene. Es wird getrunken, schließlich gewettet, um teure Flaschen, wie es sich mit der Betonung bei Bulgakov verhalte. Die zweite Silbe, immer! Aber Kundera? Zum morgigen Welttag des Humors habe ihn die Münchner *Abendzeitung* angerufen, berichtet Karasek, als ihm das Ende eines Witzes nicht einfällt. So was gibt es? Ja, er wisse auch nicht, wieso sie da ihn befragten (das behauptet er wirklich), und jetzt fällt Karasek ein anderer Witz ein. Dann Gerumpel, Geschrei, Karasek

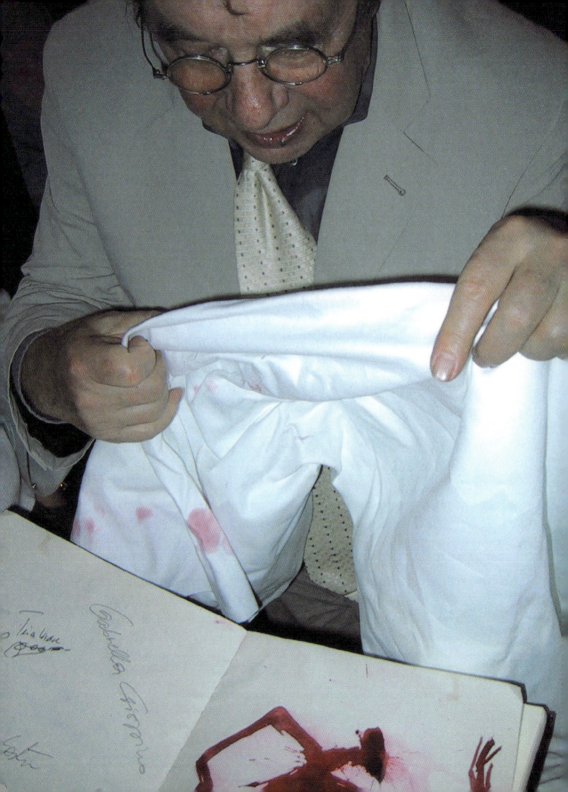

läuft zum Büfett und reißt Servietten vom Stapel, tupft damit das Gästebuch ab.

Natürlich er! Natürlich Rotwein! Natürlich auf die einzige nicht mit Kugelschreiber beschriebene, sondern mit Tusche kunstvoll verzierte Gästebuchseite eingedenk eines Shakespeareabends mit Corinna Harfouch! Man sieht doch gar nichts, sagt Karasek, und außerdem hätten die Mosaike in Pompeji sogar Vulkane überlebt. Die Literaturhausdame lächelt gequält, Welthumortag ist erst morgen. Karasek möchte durch die frische Luft zum Taxistand gehen, seine Frau friert, also bestellen sie einen Wagen zum Literaturhauseingang und fahren für 23 Mark heim. Vielleicht ist dort mittlerweile die andere Hose getrocknet.

In der Nacht Klavier gespielt, die Kühe, draußen vor dem Fenster, hörten mir zu. Ich brach ab, als ich merkte, dass ich mir wie Chopin vorkam. Außerdem störte es mich, dass auch die Mädchen mir drüben, im anderen Haus, möglicherweise zuhörten und eventuell dächten, ich käme mir wie Chopin vor.
Walter Kempowski, Do, 7.7. 1983 schön

BENJAMIN V. STUCKRAD-BARRE
IM VERLAG KIEPENHEUER & WITSCH

Soloalbum
KiWi 514

»Mit großen Augen betrachtet Stuckrad-Barre die Welt in genau der Oberflächlichkeit, in der sie sich präsentiert – und malt auf diese Weise ein umso schärferes Bild von Mode und Verzweiflung in den späten 90ern.« *Stern*

Livealbum
KiWi 546

»Ein gutes, lustiges, unterhaltsames Buch.« *Süddeutsche Zeitung*

Remix
KiWi 547

»Der begnadete Zeitungsschreiber hat es auf dem Feld des meinungsbetonten 100-Zeilers zu Ruhm gebracht (...). Für Journalistenschüler und ihre Lehrer lässt sich jedenfalls kein schöneres Geschenk denken als ›Remix‹, eine Sammlung der glanzvollsten Artikel Stuckrad-Barres.« *taz*

Blackbox
KiWi 600

»Ein großer Sozialhistoriker unserer Epoche.« *Tagesspiegel*

Transkript

»Die Collage aus Songs, eingespielten Zitatpassagen und eigenen Texten ergibt aber durchaus etwas Neues, nämlich so etwas wie Popfeuilleton, eine Art Melange, in der das ganze Kulturgerede so enthemmt zitiert und umgerührt wird, dass es schon wieder gut ist.« *Die Welt*

www.kiwi-koeln.de
www.stuckradbarre.de